Ulmer Taschenbuch 4

Günter Pardatscher

Der Winterschnitt von Obst- und Ziergehölzen

Vierte Auflage
61 Farbfotos
44 Zeichnungen

VERLAG
EUGEN
ULMER

Zeichnungen von Claudia Hosslin, Therwil (Schweiz)

Die Deutsche Bibliothek – CIP-Einheitsaufnahme

Pardatscher, Günter:
Der Winterschnitt von Obst- und Ziergehölzen / Günter
Pardatscher. [Zeichn. von Claudia Hosslin]. – 3., verb. Aufl. –
Stuttgart : Ulmer, 1996
  (Ulmer-Taschenbuch ; 4)
  ISBN 3-8001-6856-1
  ISBN 3-8001-3118-8 (4. Auflage)
NE: GT

Printed in Germany
Satz: Typomedia, Ostfildern
Druck und Bindung: Georg Appl, Wemding

Vorwort

Bücher über den Winterschnitt der Obstgehölze gibt es wahrlich genug. Über den Schnitt der Ziergehölze wurde bisher weniger geschrieben. Die meisten dieser Werke sind jedoch sehr ausführlich abgefaßt und für den Erwerbsobstbauer oder den Gehölzfachmann bestimmt.

Wenn hier wieder ein Buch über den Gehölzschnitt vorgelegt wird, dann nur in dem Bestreben, vor allem dem Hobbygärtner, dem Kleingärtner und Siedler das nötige Grundwissen zu vermitteln, das ihn in die Lage versetzen soll, auch ohne Vorkenntnisse seine Gartengehölze richtig zu schneiden.

Daß dafür einige botanische Grundbegriffe erläutert werden müssen, versteht sich von selbst. Ich bitte aber um Verständnis dafür, daß im Rahmen dieses Buches nicht alle Anforderungen erfüllt werden können. Wer sich in bezug auf den Schnitt der Gehölze weiterbilden will, dem empfehle ich die am Ende genannten Bücher und Schriften. Wenn sich der Laie anhand dieses Buches bei seinen Obst- und Ziergehölzen auskennen lernt, wenn er das richtige Gefühl bekommt für seine Pflanzen, wenn er schließlich selber merkt, wo und warum er schneiden muß, dann hat dieses Buch seinen Zweck erreicht.

Wien, 1983 und 1990
St. Andrä 1996
Dr. Günter Pardatscher

Inhalt

Voraussetzungen

Grundlegende Gedanken zum Winterschnitt

Die wildwachsenden Gehölze in Wald und Flur blieben in früheren Zeiten sich selbst überlassen und in weiten Gebieten der Erde ist dies heute noch so. Manchmal brachen Eis und Schnee oder der Sturm Äste ab, die Stummel trieben wieder aus und die Pflanze ersetzte ihre fehlenden Organe.

In den Forstkulturen begann man jedoch alsbald, die jungen Stämme freizustellen, d.h. schwache Stämme herauszuhacken und die unteren Äste zu kappen, um totes Holz zu entfernen.

Der Schnitt der Obstbäume ist aber sicherlich so alt wie der Obstbau selbst. Mit dem Zeitpunkt, da man sich nicht mehr allein mit dem Ernten wilder Früchte zufrieden gab, als man begann, systematisch Obstgehölze anzupflanzen, war auch schon das Bestreben vorhanden, den natürlichen, wilden Wuchs zu kontrollieren. Denn bald zeigte es sich, daß ausgelichtete Kronen bessere und schönere Früchte brachten und daß Jungbäume durch Rückschnitt und Kronenkorrektur bessere und stabilere Kronen ausbildeten.

Seitdem sind verschiedene Theorien und Auffassungen vom Schnitt der Obstgehölze vertreten worden. Man kann sogar sagen, jeder der nahmhaften Pioniere des Obstbaues vertrat mit seiner Schule eine eigene Lehrmeinung. Sicher ist, daß alle diese Ansichten zum gleichen Ziel führten, nämlich unter den jeweils gegebenen Umständen einen quantitativ und qualitativ möglichst befriedigenden Fruchtertrag zu erzielen.

War man früher in der Obstkultur allein auf Handarbeit angewiesen, gewann später der Einsatz von Geräten und Maschinen immer mehr an Bedeutung. Heute ist man bestrebt, in den großen Plantagen möglichst alle Arbeiten zu mechanisieren, selbst den Schnitt. Für uns kommt so etwas aber nicht in Frage. Wenn ein Obstbauer eine pneumatische Schere verwendet, dann hat er schon einen größeren Betrieb zu betreuen. Wir im Kleingarten bleiben bei Baumsäge und Baumschere, wir haben noch die Zeit, unsere wenigen Bäume mit der Hand zu schneiden, und wir legen auch noch Wert auf sauberen Schnitt und gewissenhafte Arbeit.

Sicher ist jedenfalls, daß ein erfolgreicher Obstbau heute ohne Winterschnitt nicht mehr denkbar wäre. Wir kennen alle die ungepflegten Obstbäume in alten Bauerngärten, die uns mit ihren dichten und verwilderten Kronen nur mehr als abschreckendes Beispiel dienen. Selbst die Ziergehölze sind heute nicht mehr ganz frei von Schnittmaßnahmen. Warum wir nun im einzelnen Fall schneiden sollen, darüber geben die folgenden Kapitel Auskunft.

Natürliche Wuchseigenschaften

Alle Gehölze, d.h. Bäume und Sträucher, zeigen in der Natur ganz bestimmte, arteigene Wuchseigenschaften. Sie wachsen hoch hinauf oder bleiben niedrig, sie bilden schlanke Säulen oder breite, ausladende Kronen. Manche bauen sich streng symmetrisch auf, andere bilden ein Gewirr von Stämmen und Ästen.

Der richtige Winterschnitt ist eine wichtige Voraussetzung für reichliche Blüte und hohen Ertrag.

Diese arteigenen Wuchseigenschaften sind manchmal ganzen Pflanzenfamilien gemeinsam wie z. B. den *Pinaceae*, der Familie der Kiefern und Tannen. Zumeist aber kennzeichnen die Wuchseigenschaften eine Gattung wie *Malus* (Apfel) oder *Fagus* (Buche). Immer aber sind sie spezifisch für eine Pflanzenart. Diese Art ist aufgrund jener Wuchseigenschaften auch zu erkennen (*Rosa canina*, Heckenrose oder *Rubus ideaeus*, Himbeere). Ausnahmen machen nur mehr die Varietäten, die verschiedenen Gartenzüchtungen, Zwergformen, Säulenformen u. a. Hier sagt aber der Name zumeist etwas über die Wuchsform aus, z. B. 'Nana' (zwergig) oder 'Columnaris' (säulenförmig) usw. Diese, im Bereich der Gartenformen sehr vielgestaltigen Pflanzen sind nur durch genaue Beschreibung zu erkennen.

Warum Schneiden?

Ideal wäre es, wenn man alle Gehölze so wachsen lassen könnte, wie sie sich von Natur aus selbst aufbauen. In der Tat sind die meisten Ziergehölze so auch am schönsten. Jeder künstliche Eingriff verzerrt oder entstellt den oft malerischen Aufbau der Pflanze, beraubt sie ihrer arteigenen Natürlichkeit.
Leider ist der natürliche Wuchs nicht überall ideal. Bei Obstgehölzen sind wir gezwungen, die Phase des Fruchtertrages bald zu erreichen und möglichst lange zu erhalten. Wir müssen lockere Kronen anstreben, um durch gute Besonnung qualitativ hochwertige Früchte zu erzielen. Der Erziehungsschnitt eines Obstbaumes dient aber auch dem Aufbau eines kräftigen, tragfähigen Kronengerüstes. Ungeschnitten aufgebaute Kronen haben lange, schwache Äste, die beim ersten, größeren Fruchtbehang oft brechen.
Diese Eigenschaften sind beim wilden Obstbaum nicht wichtig. Er fruchtet auch ohne Schnitt reichlich und die Qualität der Früchte spielt ohnehin keine Rolle. Es müssen nur möglichst viele Samen produziert werden, um die Art zu erhalten.
Bei den Ziergehölzen ist weitgehend ein natürlicher Wuchs anzustreben, aber es

wird auch nötig sein, krankes oder abgestorbenes Holz zu entfernen bzw. einen Strauch zu verjüngen, wenn er zu groß geworden ist.

Persönliche Einstellung zum Schnitt

Wenn jemand den Gehölzschnitt überhaupt als unnatürlich ablehnt, darf er nur Ziergehölze im Garten haben; mit Obstbäumen hätte er wohl keine Freude! Noch schlimmer wäre es, wenn der Gartenfreund alles schneiden wollte, ob notwendig oder nicht. Er würde seine Pflanzen vorwiegend zur Holzproduktion anregen, aber wenig Blüten erhalten bzw. Früchte ernten!

Voraussetzung für jeden Schnitt ist das Einfühlungsvermögen in das Leben der Pflanze, das Verständnis für die natürlichen Wuchseigenschaften der Gehölze und das Begreifen der Schnittfolgen! Nur wer weiß, wie ein Gehölz auf den Schnitt reagiert, kann lernen, die Pflanze richtig zu schneiden. Andernfalls erzielt er mit seiner »Schneiderei« nur unfruchtbare »Hirschgeweihe«, wie man sie leider oft in Kleingärten »bewundern« kann!

Botanische Grundlagen

Wuchsformen

Die Wuchsformen unserer Gartengehölze gleichen alle den in der Natur vorkommenden Wuchsformen. Wir unterscheiden Bäume, Sträucher, Halbsträucher und Zwergsträucher.

Bäume bauen ihre Krone von einem Stamm ausgehend auf. Der Zuwachs findet vorwiegend an den Zweigspitzen statt, wobei in der Jugend ein starker Zuwachs erfolgt und im höheren Lebensalter die Trieblänge abnimmt.

Sträucher hingegen entwickeln zumeist mehrere Stämme vom Boden aus. Diese bauen sich auf wie Bäume, erreichen jedoch nur ein bestimmtes Lebensalter und werden immer wieder durch neue Stämme ersetzt, während die alten allmählich absterben.

Großsträucher sind Formen zwischen Strauch und Baum, d.h. die Stämme wachsen wie Bäume und sterben nicht ab, aber es treiben trotzdem von der Basis aus immer wieder neue Stämme nach, wie z.B. beim Haselstrauch.

Halbsträucher. Dieser Begriff wird für zweierlei Wuchsformen verwendet. Einmal für jene Sträucher, deren Stämme nur 2 Jahre leben, nach der Fruchtbildung absterben und jeweils neue Bodenstämme den Strauch erneuern (Himbeere, Brombeere). Zum anderen werden aber auch jene Gehölze als Halbsträucher bezeichnet, die nur an ihrer Stammbasis verholzen. Die Stämmchen erfrieren über Winter und der Strauch baut sich jedes Frühjahr von unten wieder neu auf. Zu den Halbsträuchern gehören durchwegs Sommerblüher, die trotzdem alljährlich blühen (Buschklee, Silberstrauch).

Zwergsträucher schließlich bleiben ihr Leben lang klein und zierlich, kriechen zumeist am Boden und wachsen alljährlich nur wenig zu. Sie werden oft als »Stauden« gehandhabt, obwohl sie echt verholzte und ausdauernde Stämmchen bilden. Es sind meist Immergrüne wie Heidekräuter, Sonnenröschen, Silberwurz, Steinröschen, Thymian, viele Ginsterarten oder Alpenpflanzen (Zwergweiden).

Stauden bilden keine ausdauernden Stämme aus, die (manchmal auch verholzten) Triebe sterben jeden Herbst bis zum Boden ab und werden im Frühjahr durch neue aus dem ausdauernden Wurzelstock ersetzt. Hierzu zählen die meisten Alpenpflanzen, viele Gartenblumen und die Erdbeere.

Sproßaufbau

In der Natur vollzieht sich die Kronenbildung nach arteigenen Wachstumsgesetzen. Beim streng spitzenbetonten Sproßaufbau bestimmt der Gipfeltrieb allein die Kronenform, während die Seitenzweige untergeordnet bleiben, z.B. bei den Fichten und Tannen. Viel häufiger sind jedoch nicht nur der Gipfeltrieb, sondern auch die Seitentriebe gleichermaßen am Kronenaufbau beteiligt. Oft stirbt der Gipfeltrieb ab oder verkümmert, und die Seitentriebe bauen die Krone weiter. Auf diese Weise wachsen fast alle Obstbäume und Ziergehölze, mit Ausnahme der meisten Koniferen und Zypressengewächse.

Oben: Neutriebbildung aus den mittleren und basalen Stammteilen bei Kletterrosen.

Unten: Neutriebbildung aus den basalen Stammteilen beim Haselstrauch.

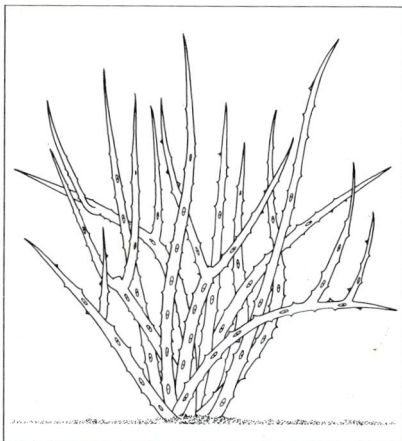

Zum Sproßaufbau zählt auch die Erneuerung der Stämme und Äste, die je nach Pflanzenart vorwiegend im Spitzenbereich (bei den meisten Bäumen), im mittleren Bereich älterer Stämme (Kletterrosen, s. Abb., Holunder) oder im basalen Bereich stattfindet, wie bei den meisten Sträuchern (s. Abb., Haselstrauch). Beim Aufbau der Krone stehen die Wurzeln mit den jeweils darüber stehenden Stammteilen, den Stämmen und Ästen in Verbindung, so daß z. B. die Wurzeln an der Nordseite eines Gehölzes auch die nordseitigen Äste versorgen. Wird eine Hauptwurzel beschädigt oder abgestochen, bleibt der Zuwachs an derselben Kronenseite nur schwach. Kommt eine Hauptwurzel in sehr kalkreiche Erde, wird bei kalkempfindlichen Gehölzen an den Ästen jener Seite Chlorose auftreten.

Triebformen

Bei den Gehölzen unterscheidet man verschiedene Arten von Trieben:

Langtriebe sind die kronenaufbauenden Elemente. Sie entspringen zumeist aus den Knospen im Spitzenbereich der Triebe, oft auch aus älteren Ästen und Stämmen; immer jedoch nach Verjüngung oder Astbruch. Aus den Langtrieben bauen sich Mittelstamm, Haupt- und Nebenäste auf. Sie werden deshalb auch als Haupt- oder Nebenleittriebe bezeichnet. Sie tragen an ihrer Spitze zumeist eine Triebknospe. Steht eine Blütenknospe an der Spitze, besorgen darunterstehende Knospen die Astverlängerung (Walnuß, Roßkastanie).

Kurztriebe entstehen aus Seitenknospen der Langtriebe. Sie bilden das sogenannte Fruchtholz, wenngleich auch Langtriebe bei vielen Gehölzen Blüten bilden können. Beim Kernobst werden die Kurztriebe unterteilt in Fruchtruten, Fruchtspieße und Ringelspieße.

Fruchtruten sind den Langtrieben untergeordnete, bis etwa 30 cm lange Triebe, die zumindest an ihrer Spitze eine Blütenknospe tragen.

13

Oben: Langtriebe (1) sind vorwiegend an jungen Bäumen und Sträuchern zu finden. Kurztriebe (2) entwickeln sich vorwiegend in den Kronen älterer Bäume. Oft werden Blütenknospen nur an Kurztrieben angelegt. Stark gestauchte Kurztriebe (3). Zu Dornen umgebildete Enden von Kurztrieben (4). **Unten: Quirlholz wie beim Kernobst.**

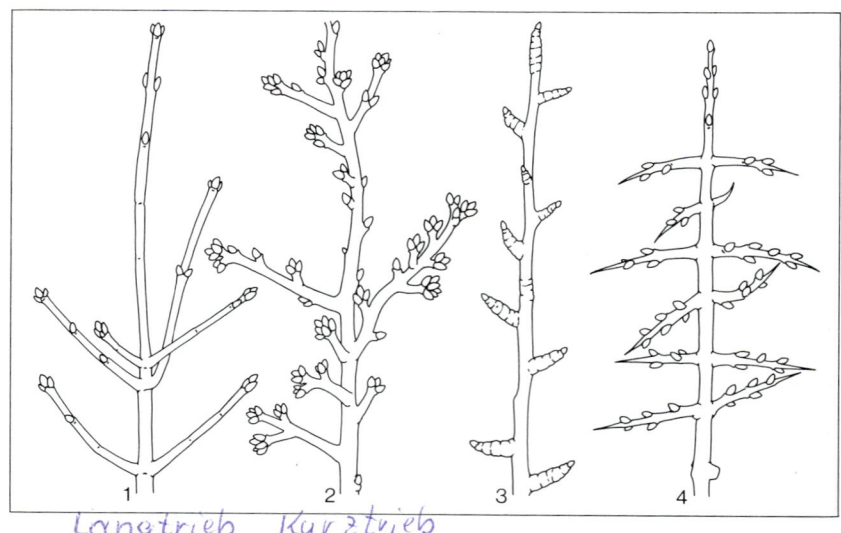

Langtrieb   Kurztrieb

Fruchtspieße heißen kurze, bis etwa 10 cm lange Sprosse, die mit einer Blütenknospe abschließen und beim Kernobst das wichtigste Fruchtholz bilden. Sie entstehen zumeist an den unteren Teilen der vorjährigen Langtriebe, unterhalb der Fruchtruten.

Ringelspieße. Fruchtspieße können bei alljährlich nur geringem Zuwachs zu Ringelspießen werden. Das sind ganz kurze, durch die engstehenden Blattnarben »geringelte« Sprosse, wie sie besonders beim Kernobst, aber auch bei Süßkirschen, Katsurabaum, Ginkgo, Zedern und Lärchen auftreten (s. Abb. Seite 15).

Quirlholz. Aus den Ringelspießen entsteht bei den Äpfeln und Birnen später das Quirlholz. Das sind stark verzweigte, kleine Sprosse, die immer wieder Blattrosetten, Blütenknospen oder Frucht-

spieße hervorbringen. Bei Verjüngung treiben die Blattknospen des Quirlholzes auch wieder mit Langtrieben durch (s. Abb. unten). Das Quirlholz galt in früheren Zeiten beim Kernobst als das begehrte Fruchtholz. Heute wissen wir, daß hier nur an jungen Trieben hoch-

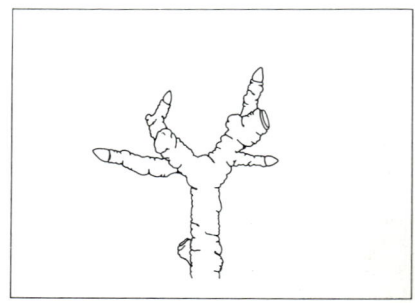

Quirlholz

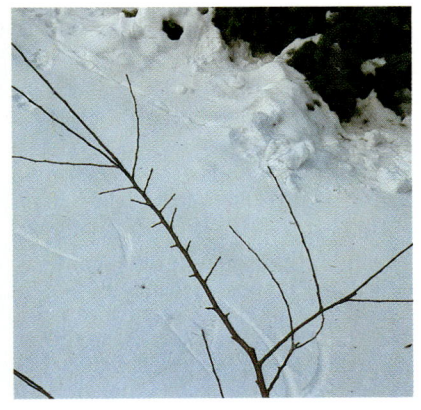

Links: Natürliche Verzweigung eines Apfeltriebes mit Langtrieben, Fruchtruten, Fruchtspießen. Mitte: Blütenknos-penbildung an Langtrieben und Bukettzweigen bei Süßkirsche. Unten: Bukett-zweige bei der Mandel.

wertige Früchte wachsen, daher verjüngen wir auch das Quirlholz laufend. Die verdickten Teile an Kurztrieben, an welchen Früchte hingen, nennt man Fruchtkuchen. Diese können wieder Trieb- oder Blütenknospen erzeugen. Quirlholz besteht zumeist aus vielen solcher Fruchtkuchen.

Das Steinobst läßt eine ähnliche Sproß-vielfalt erkennen wie das Kernobst, jedoch schließt hier jeder Trieb mit einer Triebknospe ab. Die Blütenknospen stehen seitlich an der Basis oder auch im mittleren und oberen Abschnitt von Langtrieben, an Kurztrieben oder an Bukettzweigen.

Bukettzweige entsprechen den Ringel-spießen beim Kernobst und sind besonders deutlich bei Süß- und Sauerkirschen ausgebildet. Sie verzweigen sich jedoch nicht, es gibt daher beim Steinobst kein Quirlholz. Nur Zwetschen und ihre Verwandten erzeugen verzweigte Fruchtspieße, die an das Quirlholz erinnern (s. Abb. rechts).

Bei manchen Gehölzen enden die Kurztriebe in einem Dorn, wenngleich sie an ihren unteren Teilen Blätter und Blüten bilden können. Diese starken und langlebigen Dornen kennen wir vom Feuerdorn, Sanddorn, Weißdorn, Schlehdorn, Kreuzdorn u. a. (s. Abb. Seite 14).

Knospenformen

So wie wir verschiedene Arten von Trieben unterscheiden, gibt es bei den Gehölzen auch verschiedene Arten von Knospen. Knospen enthalten die winzig kleinen Anlagen der Triebe, Blätter oder Blüten. Wenn wir eine Knospe der Länge nach durchschneiden, können wir unter der Lupe diese Sproßanlagen als winzige Höcker und Zipfel deutlich sehen.

Terminal- oder Gipfelknospe. Sie ist die wichtigste Knospe, zumeist eine Triebknospe und dient dazu, die Achsenverlängerung zu bilden, d. h. das Astgerüst weiter aufzubauen. Beim Kernobst und allen Kernobst-Verwandten (Pomoideen) wie Weißdorn, Eberesche, Mispel usw. kann die Terminalknospe auch eine Blütenknospe sein. Auch andere Gehölze entwickeln ihre Blüten aus Terminalknospen, z. B. Schneeball, Flieder, Kastanien und manche Fichten. Bei den meisten Flieder arten verkümmert die Gipfelknospe und das oberste Knospenpaar bildet die Terminalen.

Blatt- oder Triebknospen stehen außer an der Spitze auch seitlich am Trieb und zwar in jeder Blattachsel. Wenn im Herbst die Blätter fallen, bleiben die Blattnarben zurück, darüber sitzen die Knospen. Triebknospen, die nicht austreiben, bleiben beim Kernobst und vielen anderen Gehölzen als »schlafende Augen« jahrelang erhalten. Schlafende Knospen sind winzig klein und sitzen in den Achseln der kleinen Basisblättchen und Knospenschuppen, die auch verkümmerte Laubblätter sind. Die schlafenden Augen treiben aus, wenn der Trieb oder Ast durch Bruch oder Schnitt verlorengeht, z. B. bei der Verjüngung.

Nebenknospen oder »Beiaugen« sitzen beim Kernobst und anderen Gehölzen links und rechts der Triebknospen. Nebenknospen treiben aus, wenn die Hauptknospe verlorengeht, wie es z. B. bei der Weinrebe nach Frühjahrsfrost regelmäßig der Fall ist. Die Beiaugen können aber auch als Blütenknospen angelegt sein und treiben dann vor oder zugleich mit den Hauptknospen aus (Pfirsich, Aprikose, Zwetsche).

Blütenknospen entwickeln sich schon im Laufe des Sommers und sitzen seitlich an den Langtrieben, an Kurztrieben und Bukettzweigen, beim Kernobst und anderen Gehölzen auch an der Triebspitze.

Adventivknospen. Diese Knospen bilden sich erst, wenn ein sehr großer Wundreiz vorliegt, z. B. beim Verjüngen von Stämmen und Ästen, ohne die Möglichkeit, auf Seitenzweige abzuleiten. Aus dem Kambium der Schnittstelle entwickeln sich dann oft völlig neue Triebknospen, die sogleich austreiben. Die meisten Koniferen sind nicht in der Lage, solche Adventivknospen zu bilden, wohl aber z. B. die Eiben.

Knospenschuppen bedecken die Knospen und stellen im wesentlichen einen Winterschutz dar. Knospenschuppen sind verkümmerte Blättchen, die gewöhnlich dachziegelartig übereinander stehen (Obstbäume, Buchen, Eichen). Manchmal bestehen sie aus wenigen, starken Knospenhüllen wie bei Esche und Walnuß. Die Knospenschuppen können klebrig sein (Roßkastanie, Pap-

peln). Es kommen aber auch nackte Knospen vor. Die Triebanlagen sind dann so frosthart, daß sie auch ohne Knospenschuppen überwintern können, wie beispielsweise bei den Geißblattgewächsen. Bei vielen Schneeballarten überwintern sogar die endständigen Blütenanlagen nackt.

Knospenstellung. Die Knospen stehen außer an der Triebspitze am Trieb in zwei Zeilen (Steinmispeln und Ulmen) oder spiralig wie bei den allermeisten Gehölzen, auch bei allen Obstgehölzen. Bei der spiraligen Knospenstellung steht zumeist die 6. Knospe wieder über der untersten. Kreuzweise gegenständig sind die Knospen z. B. bei Flieder, Esche, Holunder, Geißblatt, Schneeball. Schließlich können die Knospen auch quirlständig angeordnet sein wie bei Trompetenbaum, Trompetenstrauch, Rhododendron, Azaleen und vor allem bei Nadelgehölzen (Kiefer, Fichte, Tanne).

Verzweigung. Die Knospenstellung bedingt natürlich die charakteristische Verzweigungsform der Gehölze, deren Kenntnis für unsere Schnittarbeiten wichtig ist.

Pflanzenphysiologische Grundlagen

Wachstumsstadien

Im Lebensablauf aller Gehölze folgen Jugendstadium, Ertragsstadium und Altersstadium aufeinander.

Das **Jugendstadium** ist gekennzeichnet durch starken Trieb, um die künftige Krone aufzubauen. Obwohl viele Gehölze auch in dieser Phase bereits Blüten ansetzen, ist das Jugendstadium allgemein an der »Ertraglosigkeit« zu erkennen.

Im **Ertragsstadium** (ein Ausdruck, der für den Obstbau geprägt wurde) kommt die Pflanze in das physiologische Gleichgewicht. Es entsteht ein ausgeglichenes Verhältnis zwischen Trieb- und Blütenbildung. Dies ist die Phase des besten Fruchtertrages.

Das **Altersstadium** fällt auf durch nachlassenden Triebzuwachs bei vermehrter Blütenbildung. Durch den überreichen Fruchtertrag erschöpft sich das Gehölz aber so, daß es aufgrund der fehlenden »Blattfabriken« an entsprechenden Langtrieben im Ertragsjahr keine oder nur wenige Blütenknospen für das nächste Jahr anlegen kann. So wechselt ein Ertragsjahr mit einem ertraglosen Jahr. Diese »Alternanz«, die besonders vom Kernobst bekannt ist, ist jedoch auch eine Sorteneigenschaft und muß dann durch entsprechende Schnitt- und Fruchtausdünnungsmaßnahmen gebrochen werden (z. B. beim 'Boskoop'). In der Natur sind die Wuchsstadien am besten zu beobachten: Der starke, aufstrebende Wuchs in der Jugendphase, der eher ausgeglichene Wuchs bei guter Fruchtbarkeit in der Ertragsphase, wo-

bei die oft langen und dünnen Äste durch die Fruchtlast bald abkippen. Daraus resultiert die oft früh einsetzende Vergreisung bei nachlassendem Wuchs, wobei sich bald alle Äste durch die Fruchtlast absenken (Bogenbildung) und sogenannte »Reiter« oder »Ständer« die Funktion neuer Leit- und Fruchtäste übernehmen. Ohne Auslichtung und Verjüngung entsteht so bald ein dichtes Gewirr junger, alter und abgestorbener Zweige und Äste, wie wir es von alten Mostbirnenbäumen so gut kennen. Diese Altersphase kann viele Jahrzehnte lang andauern (s. Abb. Seite 19).

Tropismen

Als Tropismus bezeichnet man die physikalisch bedingte Wuchsrichtung der Gehölzorgane. So wie wir unterliegen auch die Pflanzen den Einflüssen des Lichtes und der Schwerkraft. Das Wachsen der Triebe zum Licht, also nach oben, bezeichnet man als positiven Phototropismus. Das Wachstum der Wurzeln in Richtung Erdmittelpunkt, also der Schwerkraft nach, wird als positiver Geotropismus bezeichnet. Ebenso könnte man sagen, die Triebe sind negativ geotrop, die Wurzeln negativ phototrop. Diese Wachstumsreize werden durch Wuchs- und Hemmstoffe gesteuert, und so entsteht die nach allen Richtungen zum Licht wachsende Gehölzkrone und die nach allen Richtungen in die Erde wachsende Wurzelkrone.

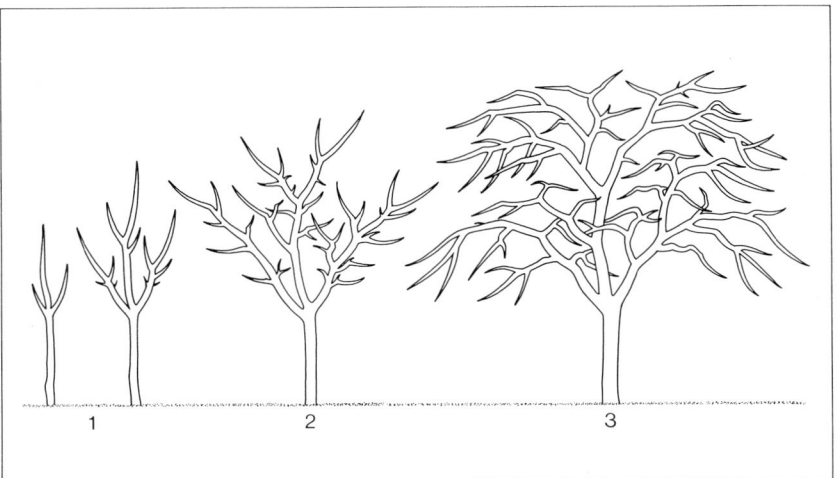

1   2   3

Triebförderung

Je nach Pflanzenart beobachten wir eine natürliche Verjüngung des Astgerüstes durch Austriebe in verschiedenen Zonen des Gehölzes. Unsere Obstbäume und die meisten baumförmigen Gehölze unterliegen im allgemeinen der Spitzenförderung, d.h., an den stärksten und am steilsten stehenden Ästen entstehen die stärksten Neuzuwächse. Besonders ausgeprägt ist diese Spitzenförderung bei den Säulenformen und bei Nadelgehölzen. Mit zunehmendem Lebensalter läßt diese Spitzenförderung nach und macht nicht selten einem deutlichen Wachstum in die Breite Platz, besonders schön zu sehen bei Kiefern und Zedern.

Andere Gehölze, wie der Holunder oder die Kletterrosen, zeigen eine Triebförderung vorwiegend im mittleren Bereich der Stämme, die meisten Sträucher jedoch im basalen Bereich, wie dies schon beim Sproßaufbau beschrieben wurde. Die Triebförderung ist aber auch abhängig von der Stellung der Äste und Zweige innerhalb der Krone: Senkrecht stehende Zweige treiben am stärksten durch. Waagrecht stehende Zweige bilden einen wesentlich schwächeren Gipfeltrieb, dafür werden mehrere oberseits stehende Knospen austreiben (»Kammbildung«). Zum Unterschied von der Spitzenförderung spricht man hier von einer Oberseitenförderung.

An tiefhängenden Zweigen entstehen die stärksten Neutriebe am höchsten Punkt der Biegungsstelle, also aus Knospen, die normalerweise gar keinen Neutrieb oder nur kleine Fruchtspieße bringen würden. Dies nennt man Scheitelpunktförderung. Es liegt also z.B. beim Obstbaum auch in unserer Hand, die Trieb-

19

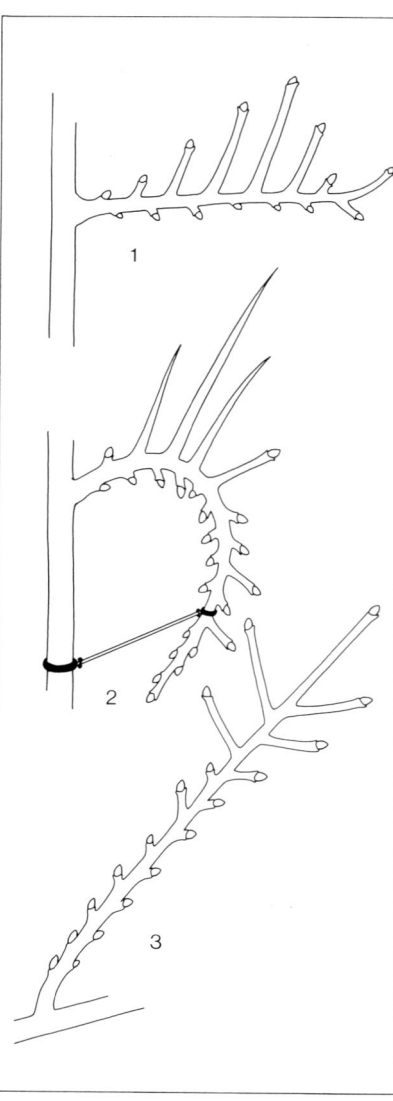

kraft zu regulieren (aufbinden, schrägbinden, waagrecht- und tiefbinden, s.
Abb. links).

Manche Gehölze zeigen hingegen eine
Unterseitenförderung bei der Neutriebbildung. Hier treiben Knospen der
Zweigunterseite stark durch und übernehmen die Astverlängerung, während
die ursprüngliche Triebspitze zurück-
bleibt (Walnuß, Roßkastanie, Trompetenbaum).

Längen- und Dickenwachstum

Jedes Gehölz wächst in die Länge und in
die Dicke. Während das Längenwachs-
tum von den Gipfelknospen ausgeht und
den Kronenaufbau bewerkstelligt, geht
das Dickenwachstum vom Kambium
aus, einer mikroskopisch dünnen
Wachstumszone zwischen Rinde und
Holz. Diese, mit freiem Auge nicht sicht-
bare Zellschicht erzeugt jedes Jahre nach
innen hin einen Holzring und nach außen hin eine Bastschicht.

Der Holzring enthält die Leitgefäße, die
das Wasser mit den gelösten Nährstof-
fen von den Wurzeln in die Krone beför-
dern. In der viel dünneren Bastschicht
liegen die Siebröhren, in welchen die
durch die Assimilation der Blätter er-
zeugten Baustoffe (vorwiegend Zucker)
nach unten geleitet werden und zur An-
lage neuer Blatt- und Blütenknospen,
zur Ernährung des Stammgerüstes und
beim Wurzelwachstum Verwendung finden (s. Abb. Seite 21).

Diesen Saft- und Nährstofftransport
können wir durch kleine Tricks beeinflussen: Mit einem »Fruchtgürtel« oder
einer »Ringelung« bremsen wir den ab-

Quer- und Längsschnitt durch einen Stamm.
1 = Rinde,
2 = Bastteil,
3 = Kambium,
4 = Splintholz,
5 = Kernholz,
6 = Jahresringe.

Figure labels: Bildungsstoffe, Bodenwasser, Wasser (Dunst) Sauerstoff, Kohlensäure, Rinde, Wurzel, Wasserentnahme, 1 2 3 4 5, 6

wärts fließenden Zuckerstrom und erzielen durch einen Stau der Assimilate eine verstärkte Bildung von Blütenknospen.

Wollen wir hingegen eine Knospe zum Durchtreiben bringen, erreichen wir dies durch einen kleinen Kerbschnitt bis ins Holz oberhalb dieser Knospe.

Da besonders die Bildung der Leitgefäße im neuen Holzring jahreszeitlich verschieden stark abläuft, also schneller und mit größeren Gefäßen im Frühjahr, langsamer und mit engeren Gefäßen im Sommer und Herbst, kann man am Stammquerschnitt die »Jahresringe« ablesen und so das Alter eines gefällten Baumes bestimmen. An alten Bäumen kann man so auch den Witterungsverlauf vergangener Epochen rekonstruieren: In feuchten Jahren entstanden breitere, in trockenen Jahren engere Jahresringe!

Reaktion auf Schnittmaßnahmen

Sowohl die Stärke und Stellung eines Triebes, als auch die Verteilung der Augen am Trieb bestimmen die Schnittreaktion. Gehen wir von einem starken, senkrechten Leittrieb aus.

1. Der Trieb bleibt unbeschnitten: Aus dem obersten Auge entsteht ein starker, senkrechter Neutrieb, die Astverlängerung. Die nächsten 2 bis 4 Augen an der Triebspitze werden ebenfalls Langtriebe bilden, deren Stellung nach unten hin immer flacher wird. Sogar der Konkurrenztrieb kann so günstig stehen, daß er am Mitteltrieb zum weiteren Kronenaufbau verwendet werden kann. Handelt es sich um einen Haupt- oder Nebenleitast, wird dieser Konkurrenztrieb stets zu entfernen sein, wenn er nach oben bzw. nach innen steht. Aus den tiefer

Kirschbäume sind, besonders während der Blütezeit, eine Zierde des Gartens.

stehenden Augen werden sich Fruchtruten, darunter Fruchtspieße bilden. Die untersten Augen werden gar nicht austreiben.

2. Der Trieb wird schwach angeschnitten, es wird nur etwa ein Viertel des Triebes entfernt: Austrieb ähnlich, jedoch schwächer als beim unbeschnittenen Trieb. Die obersten 2 oder 3 Langtriebe werden aber steiler stehen, der Nebenleittrieb (Konkurrenztrieb) muß meist entfernt werden.

3. Der Trieb wird stark angeschnitten, also auf die Hälfte oder ein Drittel seiner Länge: Die obersten 4 bis 5 Augen werden stark durchtreiben, weil die Augen der mittleren Triebregion dazu prädestiniert sind. Diese Neutriebe werden steil stehen (»Hirschgeweihe« an verschnittenen Bäumen!). Der Nebenleittrieb muß stets entfernt werden, oft sogar noch der 2. Konkurrenztrieb! Die Bildung von Fruchtruten und Fruchtspießen aus den tieferstehenden Augen ist sehr vermindert.

4. Der Trieb wird sehr stark eingekürzt, etwa auf 3 Augen: Hier wird der Neutrieb nur sehr schwach sein. Die untersten Augen bringen nur bei starkem Saftandrang längere Neutriebe (Verjüngung, s. Abb. Seite 24).

Schwächere oder flacher stehende Triebe werden auf die eben besprochenen Arten des Rückschnittes entsprechend schwächer reagieren, also schwächer durchtreiben. Fruchtzweige in mehrjährigen Kronen bleiben am besten ungeschnitten. Dies ist nicht zu verwechseln mit der Fruchtholzerneuerung, die noch ausführlich besprochen wird. Hier wird der Trieb nicht eingekürzt, sondern bis ins alte Holz zurückgenommen.

Folgen des Rückschnitts. 1 = Trieb unbeschnitten: Austrieb normal, Fruchtruten, Fruchtspieße. 2 = schwacher Schnitt: Austrieb mäßig, Triebverteilung gut. 3 = starker Schnitt: Holzproduktion, viele Langtriebe, keine Blüten. 4 = extrem kurzer Schnitt zur Schwächung starker Ruten: schwacher Austrieb, Trieb ist gebremst.

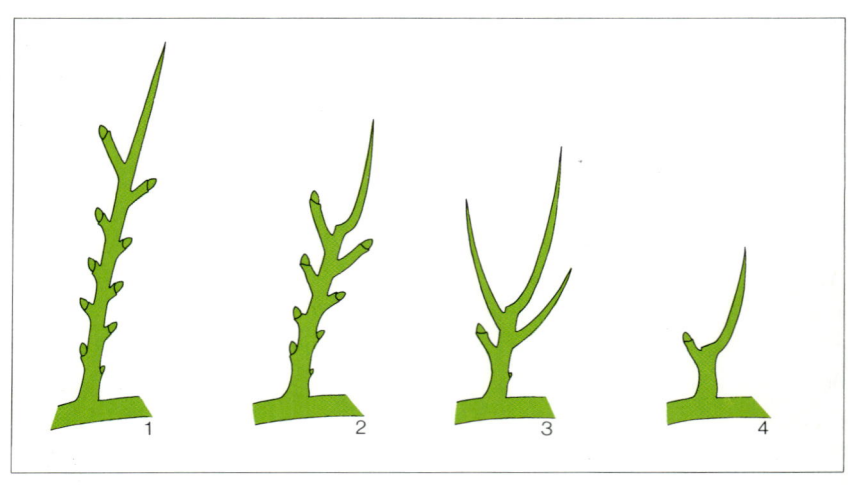

Wird ein steilstehender Ast oder Zweig auf einen günstig stehenden Seitenzweig »abgeleitet«, so treibt dieser natürlich durch den nun verstärkten Saftandrang kräftiger durch, als wenn er weiterhin als Seitenzweig am steilen Hauptast stünde. Bei einer Verjüngung auf schwache Seitentriebe werden diese ebenfalls stark durchtreiben, um den fehlenden Ast alsbald zu ersetzen. Wird ein Fruchtspieß oder eine Fruchtrute auf diese Weise zum neuen Leitast umfunktioniert, werden die Beiaugen oder unterhalb der endständigen Blütenknospe stehende Augen stark durchtreiben.

Jeder Neutrieb ist aber auch abhängig vom Lebensalter des Baumes, von der Veredlungsunterlage sowie vom Ernährungszustand des Gehölzes. Verhungerte Bäume oder Sträucher wird man auch bei starken Schnitteingriffen nicht in Trieb bringen können. Starkwachsende Pflanzen hingegen werden vorsichtig zu schneiden sein, um sie durch Nichtschneiden oder »Laufenlassen«, bzw. durch schwachen Anschnitt eher zur Blütenbildung zu veranlassen. Dabei spielt auch der Zeitpunkt des Schnittes eine Rolle, wie noch später besprochen wird.

Durch entsprechendes Einfühlungsvermögen wird man bei jedem auszuführenden Schnitt die Folgen dieses Eingriffes vorausberechnen können und die Schnittmaßnahmen entsprechend steuern.

Unterschiede beim Schnitt von Obst- und Ziergehölzen

Während wir bei den Obstgehölzen einen baldigen und viele Jahre lang anhaltenden Ertrag an hochwertigen Früchten anstreben, wollen wir bei den Zierge-

Winterschnitt in
einer großen
Obstanlage.

hölzen einen raschen, natürlichen Kronenaufbau oder auch bald reichen Blütenschmuck erzielen. Die Obstgehölze sollen bald ins »physiologische Gleichgewicht« kommen, also in ein ausgewogenes Verhältnis von Triebkraft und gleichmäßiger Fruchtbarkeit. Dabei sollen die Kronen nicht zu groß werden, weil sonst alle Arbeiten, besonders aber die Ernte, erschwert werden. Parkbäume hingegen dürfen ungehindert wachsen, Sträucher sollen möglichst reich blühen bzw. bald ihren Zweck als Deck- oder Grenzpflanzen, zur Böschungsbefestigung usw. erfüllen. Wir lassen sie daher alle weitgehend unbeschnitten, soweit nicht besondere Gegebenheiten einen Schnitt erfordern. Bei den Obstgehölzen aber helfen uns entsprechende Schnittmaßnahmen, sie möglichst lange in einer ausgeglichenen Ertragsphase zu erhalten.

Kernobst
(Beispiel Apfel)

Pflanzschnitt

Bei der Pflanzung von Obstbäumen verwenden wir einjährige Veredlungen oder auch 2- bis maximal 3jährige Kronenbäumchen. Da durch das Roden der Pflanzen in der Baumschule ein Teil des Wurzelkörpers verlorengeht, ist dementsprechend auch die Krone zu reduzieren, um einen guten Neuaustrieb zu erzielen. Je nach Erziehungsform (s. Seite 34) sind dabei der Mitteltrieb und die Leitäste einzukürzen, bei einjährigen Veredlungen der Mitteltrieb und die vorzeitigen Seitentriebe, falls diese stark entwickelt sind. Bei schwachen vorzeitigen Seitentrieben kürzt man nur den Mitteltrieb ein.

Die Stärke des Rückschnittes richtet sich bei einjährigen Veredlungen nach der gewünschten Höhe des Kronenansatzes, ansonsten nach der Stärke und Länge der vorhandenen Kronentriebe. Bei manchen Erziehungssystemen verzichtet man auf jeden Pflanzschnitt und lichtet nur überflüssige Triebe aus (formlose, schräge Hecke).

Geschnitten wird immer nach außen auf ein gutes Auge, beim Mittelstamm mehrjähriger Bäumchen immer auf ein Auge, das der letztjährigen Schnittstelle zugewandt ist, um eine gerade Stammverlängerung zu erzielen. Der Schnitt wird etwa 5 mm oberhalb des Auges schräg nach unten ausgeführt. Zu lange Stummel verheilen nicht und trocknen zurück. Zu knapper Schnitt gefährdet das Auge durch Austrocknen von der Schnittfläche her.

Vor dem Pflanzen des Baumes oder Strauches ist auch der Wurzelkörper etwas anzuschneiden. Dabei kürzt man zu lange Wurzeln ein, so daß sie bei der Pflanzung nicht gekrümmt oder geknickt werden, und schneidet alle abgestochenen oder gebrochenen Wurzelenden etwas nach. Ist der Wurzelkörper beim Transport trocken geworden, stellt man die Pflanze vor dem Einsetzen einige Stunden in ein Gefäß mit Wasser. So wird das Anwachsen erheblich erleichtert!

Erziehungsschnitt

Der Erziehungs- und Aufbauschnitt bezweckt einen baldigen Aufbau einer leistungsfähigen Krone und dauert je nach Gehölzart 2 bis 6 Jahre. Hierbei ist ausschlaggebend, auf welcher Unterlage das Gehölz veredelt ist und welche Kronenform wir anstreben. Je schwächer ein Baum wächst, umso weniger wird daran zu schneiden sein und umgekehrt. Der Rückschnitt von Mittelstamm und Leitästen in der Jugend dient aber auch einem besseren Verhältnis von Längen- und Dickenwachstum. Das Kronengerüst wird stärker und für die Zukunft tragfähiger als bei einem Kronenaufbau aus ungeschnittenen, langen Trieben.

Zum Erziehungsschnitt gehören aber auch begleitende Maßnahmen, wie Binden und Spreizen, eventuell auch Stäben, wenn die Triebe nicht in die gewünschte Richtung wachsen. Bei Erstellung von Dreiast- oder Ypsilon-Hecken werden oft wahre Armeen von Stäben eingesetzt, um die Kronen in die gewünschte Form zu bringen!

Durch Herunter- bzw. Waagrechtbinden von Seitenzweigen bremst man deren Durchtrieb und erzielt rascher eine Blü-

Unten: Bei Umver-
edlungen beläßt
man die günstig-
ste Rute als
Astverlängerung.

tenknospenbildung. Einjährige Triebe
binde man erst nach der Blüte ab, sonst
entstehen viele senkrechte Austriebe
(Kammbildung!). Werden junge Triebe
schon im Jahr ihrer Entstehung niedergebunden, soll dies erst im Sommer geschehen, weil sich sonst die Triebspitzen wieder aufrichten. Das Spreizen hilft
vor allem, zu steil stehende Leitäste in
einen günstigeren, größeren Winkel zum
Mitteltrieb zu bringen und so den Grundstock für ein lockeres Kronengerüst zu
bilden. Auch verankern sich flacher stehende Abzweigungen am Stamm besser
als steilstehende, die später leicht
ausbrechen.

Zum Abspreizen verwendet man Gabel-
stücke von anfallenden Schnittästen
oder auch gerade Aststücke von Hasel-
oder besser Holundersträuchern. Man
schneidet sie keilförmig zu und spreizt
sie unter Zweiggabeln oder Knospenan-
sätzen ein. Holunder erspart den Kerbschnitt am Ende, weil das weiche Mark
sich gut dem Zweig anpaßt und dem
keilförmig zugespitzten Ende gleich die
Kerbe »mitliefert«.

Wichtig ist auch der Zeitpunkt des
Schnittes: Will man einen kräftigen
Durchtrieb erzielen, schneidet man möglichst früh, also im Januar–Februar. Die
Baustoffe aus den Stammreserven sind
noch nicht aufgestiegen und kommen
später den verbliebenen Knospen zugute. Wünscht man aber eine Wuchsbremse, schneidet man spät, im März–
April. Es werden dann viele, bereits in
die Zweige aufgestiegene Baustoffe (besonders Zucker) mit dem Schnittholz
entfernt, die verbliebenden Knospen erhalten nur mehr einen Teil derselben
und treiben schwächer aus. Ein Rück-

schnitt zur Blütezeit schwächt den
Wuchs am stärksten. Ein so später
Schnitt wird gewöhnlich nur bei Pfirsi-
chen und Aprikosen praktiziert.

Behandlung von Umveredlungen

Umveredelte Bäume oder Kronenäste
sind ebenso einem Aufbauschnitt zu un-
terwerfen wie junge Kronen. Von mehreren aufstrebenden Ruten beläßt man
die günstigste, zentral stehende als Astverlängerung, die anderen bindet man
am besten waagrecht oder tief, um sie in
Fruchtäste umzuwandeln. Den Mittel-

Umveredlungen. Der Verlängerungs- trieb (1) wird zur Hälfte einge- kürzt, die übrigen Triebe bindet man tief (rechts).

Trieb (2) könnte zu einem Nebenleitast erzogen werden. Er wäre dann entsprechend einzukürzen und abzuspreizen.

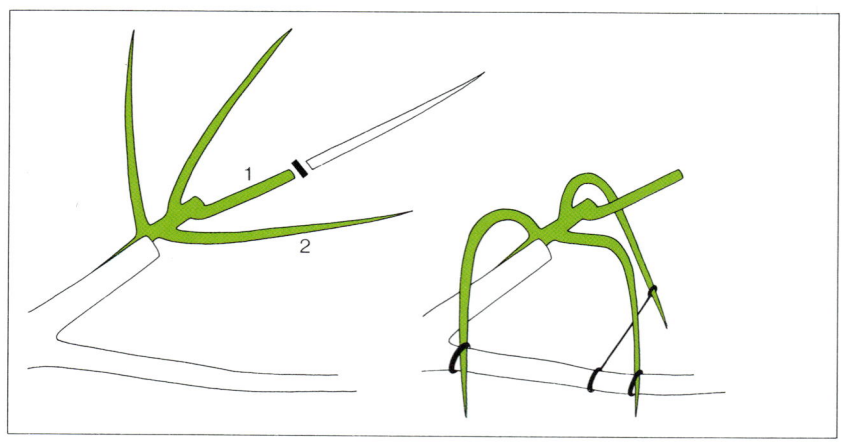

trieb schneidet man, je nach Wuchs- stärke auf die Hälfte oder um ein Drittel zurück und baut mit dem folgenden Austrieb den neuen Leitast oder die Stammverlängerung auf. Um dem Baum Energie zu sparen, kneift man das 2. Auge von der Spitze her aus, so daß kein Konkurrenztrieb entstehen kann. Ge- schnitten wird immer auf ein Auge nach außen, beim Mittelstamm auf ein dem Pfropfkopf zugewandtes Auge. Die wei- teren Schnittmaßnahmen geschehen entsprechend der zu erzielenden Kro- nenform (s. Seite 34, Abb. oben).

An umveredelten Leitästen kann man jedoch nach dem ersten Jahr auch alle Triebe nach außen tiefbinden und baut dann aus dem günstigsten Scheiteltrieb den Ast weiter auf. So erhält man dem Baum sein produziertes Holz, erzielt ra- scher einen Ertrag und »rückt« die Ast- verlängerung ein Stück nach außen. Frei- lich, jedem gefällt diese Bogenbildung nicht!

Erhaltungsschnitt

Fertig aufgebaute Kronen werden an ih- ren Spitzen gewöhnlich nicht mehr zu- rückgeschnitten, sondern vielmehr all- jährlich ausgelichtet, um das Kronenge- rüst locker zu halten. So kann Luft und Sonne ins Kroneninnere dringen, die Qualität der Früchte wird besser sein, die Schnitt-, Pflanzenschutz- und Ernte- arbeiten sind leichter durchzuführen. Beim Erhaltungsschnitt kommt dem so- genannten »Ableiten« größte Bedeutung zu. Dabei schneidet man zu steil ste- hende oder zu hoch gewachsene Äste oberhalb günstig stehender, nach außen weisender Seitenäste weg. Zu tief hän- gende, abgetragene Äste schneidet man bis auf jüngere, stammnähere, ebenfalls nach außen weisende Zweige zurück. So hält man die Krone in Form, vermei- det ein Dickicht aufstrebender Äste so- wie ein Überaltern abgetragener Zweige (s. Abb. Seite 29,30).

Schnitt eines
Apfelzweiges je
nach Bestimmung.
Links: Leitast-
anschnitt.

Rechts:
Fruchtast,
Nebenleitast.
Unten: Frucht-
holzumwandlung.

Die Astverlängerung hingegen »lassen wir laufen«, d. h. wir schneiden sie nicht mehr zurück. Die Krone ist jetzt so weit im Gleichgewicht, daß sich Triebkraft und Fruchtertrag die Waage halten.

Zum Erhaltungsschnitt gehört aber auch die laufende Fruchtholzverjüngung. Nicht nur überaltete, sondern alle abgetragenen Fruchtzweige werden laufend auf jüngere, günstig stehende zurückgenommen. Diese »Fruchtholzrotation« garantiert immer leistungsfähiges, lockeres und gut besonntes Fruchtholz!

Auslichten

Auch das Auslichten der Baumkrone zählt zum Erhaltungsschnitt und sollte alljährlich im Winter durchgeführt wer-

Oben: Ableiten eines stark durchgetriebenen Zweiges auf tieferstehende, schwächere Seitentriebe.

Unten: Ableiten von abgetragenem Fruchtholz auf jüngere Zweige.

den. Jahre hindurch ungeschnittene, verwilderte Kronen sind entsprechend radikal auszulichten. Bei älteren, auszulichtenden Kronen sollte der oberste Grundsatz sein, durch Entfernung weniger, größerer, störender Äste die Krone sinnvoll zu lichten und nicht mit tausend Schnitten an kleinen Zweigen dieses Ziel zu erreichen suchen! Am »Stutzen« erkennt man den Pfuscher! Man kann nur zuwenig, kaum aber zuviel auslichten! Wenige, lockerstehende Äste und Zweige bringen weitaus schönere, größere und schmackhaftere Früchte als dichte Kronen!

Beim Auslichten entfernen wir zunächst alles tote Holz, dann alle ungünstig ste-

Astansatz.
1 = zu steil, Gefahr
des Ausschlitzens,
2 = flach, keine
Bruchgefahr.

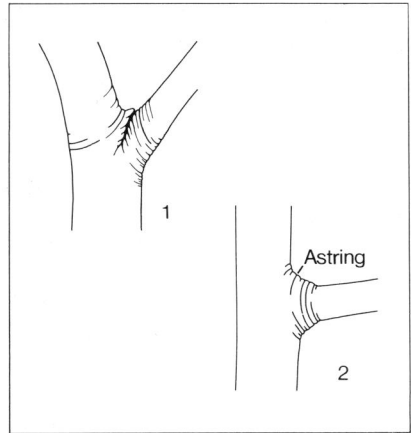

henden, nach innen oder parallel zu günstiger stehenden Ästen wachsende Zweige und Stämme. Wir leiten auch in verstärktem Umfang nach außen oder nach oben ab (s. Seite 30). Wasserschosse oder »Reiter« werden an der Basis entfernt, sofern man sie nicht als Ersatz für gebrochene oder überaltete Äste heranzieht. Jeder »Reiter« wird bei Bedarf ein fruchtbarer Ast.

Beim Auslichten entfernen wir auch alle zu steil angesetzten Nebenäste, da solche Gabeläste leicht ausbrechen und sich auch nicht abspreizen lassen, ohne auszuschlitzen. Ein Astansatzwinkel unter 45° ist immer zu vermeiden (s. Abb. oben).

Bei allen Schnittarbeiten sind die zu entfernenden Äste glatt »auf Astring« wegzuschneiden! Verbleibende Aststummel sind nicht nur häßlich, sie treiben entweder stark aus oder trocknen zurück und bilden dann Eintrittspforten für Holzpilze, die den Stamm angreifen und das

Kronengerüst zum Absterben bringen können. Vor allem beim Steinobst, wo leicht Gummifluß oder *Valsa* nicht mehr zu verheilende Wunden erzeugen, ist dies wichtig. Stärkere Äste schneidet man zweckmäßigerweise zuerst auf einen längeren Stummel, den man nachher auf Astring entfernt. Sonst kann es beim Absägen leicht zum Ausschlitzen von Ästen kommen; tiefe und lange Rißwunden am Stamm sind dann die Folge. Leichtere Äste stützt man beim Schnitt mit der freien Hand ab und vermeidet so ein Ausbrechen.

Verjüngen

Eine Art von Verjüngung wurde schon besprochen, das »Ableiten«. Hierbei werden ältere, abgetragene Fruchtäste oder zu steil stehende, mit dem Mittelstammbereich konkurrierende Äste auf günstig stehende Seitenzweige abgeleitet. Es kann aber auch nötig sein, die gesamte Krone zu alt oder zu hoch gewordener Bäume zurückzunehmen. Auch bei Umveredlungen wird die Krone »abgeworfen«, d. h., die Spitze des Stammes und die Äste werden zurückgeschnitten. Hierbei peilt man, ausgehend vom Stamm, einen, der Wuchsart des Baumes entsprechenden Abwurfwinkel an, der im allgemeinen bei etwa 120° liegt. Dann schneidet man den Mittelstamm auf die gewünschte Höhe und nach und nach alle Leitäste zurück. Durch ständiges Überprüfen vom Boden aus korrigiert man die Verjüngung. Die Äste werden auf nach außen weisende Zweige oder Kurztriebe zurückgenommen. Sind solche nicht vorhanden,

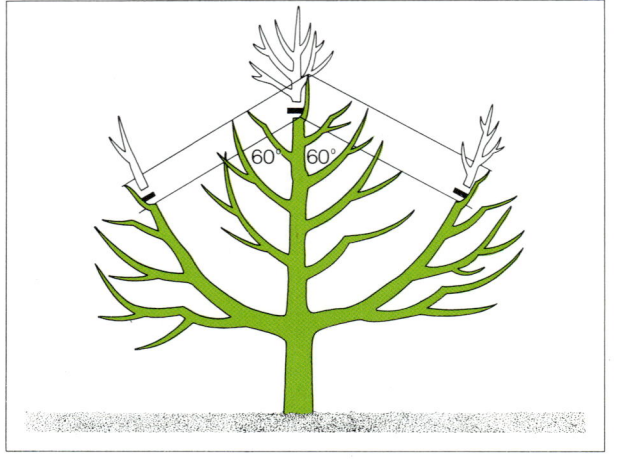

Beim Verjüngungs-
schnitt sollen
die Ableitschnitt-
stellen bzw. die
neuen Verlängerun-
gen der Gerüst-
äste wieder einen
Winkel von etwa
120° bilden.

Rechts:
Spindelbusch,
Sorte 'Elstar'.

»stümmelt« man den Ast einfach und verläßt sich auf den Austrieb schlafender Augen oder Adventivknospen (s. Abb. oben).

Bei jeder Verjüngung sollte auch zugleich ausgelichtet werden. Wichtig ist jedoch in den Folgejahren die Nachbehandlung, die dem Aufbauschnitt junger Kronen ähnlich ist. Günstig stehende Austriebe bewerkstelligen den Aufbau der neuen Stämme und Leitäste, überflüssige, konkurrierende oder nach innen wachsende Triebe werden entfernt. Kahl gebliebene Aststummel werden bis zu günstigen Austrieben nach außen und von diesen weg schräg abwärts nachgeschnitten. So verheilen die Wunden rascher.

Da durch den Eingriff der Verjüngung immer eine Unmenge von Reitern oder Wasserschossen entstehen, ist diesen besondere Aufmerksamkeit zu widmen. Die meisten von ihnen werden entfernt. Nur zum Aufbau der Krone brauchbare Reiter können erhalten bleiben, müssen aber manchmal durch Binden oder Spreizen in die gewünschte Richtung gebracht werden.

Im ersten Jahr nach der Verjüngung beläßt man viele der später nach und nach zu entfernenden Austriebe, um dem Baum mit Hilfe wenigstens dieser Blattmasse den Übergang von der verlorenen Krone und bis zum Aufbau einer neuen Krone zu erleichtern. Allerdings müssen die neuen Astverlängerungen freigestellt werden und alle überflüssigen Austriebe im Bereich der verjüngten Stummel gleich und laufend entfernt werden, um den angestrebten Aufbau der neuen Krone nicht zu gefährden. Ebenso sind bei Umveredlungen unterhalb der Pfropfköpfe alle Austriebe sofort zu entfernen, weil sonst die »wilden« Austriebe alle Kraft an sich reißen und die Edelreiser »verhungern« würden!

In den Folgejahren ist weiterhin sorgfältig auszulichten, sind die bei der Verjüngung entstandenen Wundflächen zu pflegen und deren Überwallung zu fördern (s. Seite 105).

Bemerkungen zum Sommerschnitt

Die eigentlichen Sommerschnittmaßnahmen, wie der Rückschnitt der grünen Triebe, können hier nicht berück-

sichtigt werden. Aber es gibt einen »vorgezogenen Winterschnitt«, wobei verschiedene Schnittmaßnahmen (vor allem das Auslichten) statt im Winter schon im Sommer oder Frühherbst ausgeführt werden, am besten gleich nach der Obsternte. Dies gilt besonders für das Steinobst und für Johannisbeeren.

Das Auslichten sowohl grüner Triebe als auch älterer Zweige im Sommer gewährleistet beim Steinobst eine bessere und raschere Wundverheilung ohne Gefahr von Frostschäden an den Schnittwunden. Bei Pfirsichen dient die sommerliche Auslichtung aber auch der besseren Besonnung und damit Ausfärbung der Früchte. Bei allen Obstarten lassen sich junge, noch krautige Triebe im Laufe des Sommers leicht auskneifen, später auch mit der Schere ausschneiden. Dabei entfernen wir gleich überflüssige Triebe wie Konkurrenztriebe und »Reiter«, die im folgenden Winter ohnehin entfernt werden müßten. Wir ersparen so dem Baum die Produktion überflüssi-

gen Holzes, er kann dafür die wichtigen Triebe besser ausbilden.

Johannisbeersträucher lichtet man immer schon nach der Ernte aus. Die verbliebenen Stämme kräftigen sich danach noch sehr und auch der Blütenknospenansatz wird gefördert. Stämme der Schwarzen Johannisbeeren können vorteilhaft auch schon zu diesem Zeitpunkt auf junge Triebe abgeleitet werden.

Ein weiterer Gesichtspunkt für den Sommerschnitt ist in der Regel zu finden, die besagt, daß die Wurzelkrone das Spiegelbild der Baumkrone ist. Die Wurzeln wachsen also um so stärker, je stärker die Triebe in der Krone wachsen. Wenn wir nun alle überflüssigen Triebe baldmöglichst entfernen, bremsen wir damit auch zugleich das Wurzelwachstum. Dies kann bei stark wachsenden Bäumen nur ein Vorteil sein. Andererseits erzeugen schwach wachsende Kronen ohnedies nicht allzuviele überflüssige Neutriebe, so daß hier nicht viel zu entfernen sein wird.

Systeme der Kronenerziehung

Zu allen Zeiten gab es die verschiedensten Ansichten über die Erziehung von Obstbaumkronen. Sei es nun die klassische Öschbergkrone an Halb- und Hochstämmen von Altmeister Spreng oder die aufwendige Formierung von Zwergbäumen nach den Ideen eines Gaucher. Beides kann heute als überholt gelten, wenn auch Mostobstbäume durchaus mit Erfolg nach der Öschberg-Methode erzogen werden können. Wenn wir alle extremen Ansichten über den Kronenaufbau beiseite lassen, bleiben folgende Grundsysteme: Pyramidenkrone, Hohlkrone, Längskrone, Spindelbusch, Schlanke Spindel.

Unterlagen für das Kernobst

Die Erzeugung der verschiedenen Kronenformen ist nur möglich, wenn die Bäume auf der richtigen Unterlage stehen. Besonders beim Apfel gibt es eine Reihe verschieden stark wachsender Veredlungsunterlagen, die vorwiegend aus der englischen Versuchsstation East Malling stammen. Ihrer Wuchsstärke nach sind die Unterlagen von stark- nach schwachwachsend wie in der untenstehenden Tabelle aufzuzählen.
Die Reihung der Unterlagen ist hier vereinfacht wiedergegeben, zumal die Wuchsstärke eines Baumes auch sehr

Unterlagen für den Apfel

Sämling A 2 M 16, M 13, M 11 MM 109, MM 111	starkwachsend	Für Nieder-, Halb- und Hochstämme mit Pyramiden- und Hohlkronen
M 1, M 4, M 7 M 2, MM 106	mittelstarkwachsend	Für Niederstämme mit Pyramiden-, Hohl- oder Längskronen
M 26 M 9	schwachwachsend	Für kleine Baumformen am Pfahl oder in der Hecke, Spindelbusch, Schlanke Spindel
M 27	ganz schwach wachsend	Für Topfobst, eventuell für Schlanke Spindel

Unterlagen für die Birne

Sämling	starkwachsend	Wie oben, auch für Wandspaliere
Pyrus betulifolia	mittelstarkwachsend	Für Längskronen in der Hecke
'Provence-Quitte' 'Quitte aus Angers'	schwachwachsend	Für Hecke, Spindelbusch, Schlanke Spindel

Stammverlängerung

Schematische
Ansicht einer
Pyramidenkrone.
1 = Hauptleitast,
2 = Nebenleitast
oder Fruchtast,
3 = Fruchtzweig,
Fruchtholz.

Hauptachse

Stamm

von der Wüchsigkeit der Edelsorte ab-
hängt. So veredelt man starkwüchsige
Sorten eher auf schwachwüchsige Unterlagen und umgekehrt.

Pyramidenkrone

Dies ist die gebräuchlichste Form der
Rundkrone, wobei das Gerüst aus Mitteltrieb und 3 bis 4 Hauptleitästen eine
»Pyramide« bildet. Diese Kronenform
ist die natürlichste und stabilste. Sie wird
für Halb- und Hochstämme, aber auch
für Niederstämme verwendet. Auch die
Öschbergkrone ist eine Pyramidenkrone,
die jedoch weitgebend ohne Rückschnitt
erzogen wird (s. Abb. oben).
Bei der Pflanzung des 2- oder 3jährigen
Bäumchens wählen wir 3, höchstens 4
günstig verteilt stehende Seitenäste als
die künftigen Hauptleittriebe aus. Der
Konkurrenztrieb (Nebenleittrieb) wird
immer entfernt, weil er zu steil neben

dem Mitteltrieb steht und einen zweiten
Stamm bilden würde. Weitere Triebe,
wenn vorhanden, werden am besten
waagrecht oder tief gebunden.
Der Mitteltrieb wird nun um ein Drittel
bis zur Hälfte eingekürzt. Die Leitäste
werden in gleicher Höhe, aber tiefer als
der Mitteltrieb, immer auf ein Auge nach
außen angeschnitten.
In den folgenden Jahren ist streng darauf zu achten, daß die festgelegte Kronenform erhalten bleibt. Am Mitteltrieb
darf sich kein weiterer Hauptleitast mehr
entwickeln, daher bleiben die nächstjährigen Austriebe am Mittelstamm ungeschnitten und werden bei zu steiler Stellung niedergebunden. Der Konkurrenztrieb wird immer entfernt. Die Seitentriebe setzen durch das Nicht-Schneiden und Niederbinden bald Blütenknospen an, d.h. sie werden in Fruchtäste
umgewandelt. Durch die Fruchtlast
kommen diese Äste später von selbst
herunter. In der Folge wird immer wie-

Erziehung von Rundkronen. Pyramidenkrone: Der Konkurrenztrieb (2) wird entfernt, zu steil stehende Triebe (3) abgespreizt. An schwachen Bäumen schneidet man die beiden untersten Triebe (4) weg.

Hohlkrone: Stammverlängerung (1) wird entfernt, die 3 besten Triebe (2,3) bilden das Kronengerüst. Sie werden in gleicher Höhe angeschnitten und bei Bedarf abgespreizt.

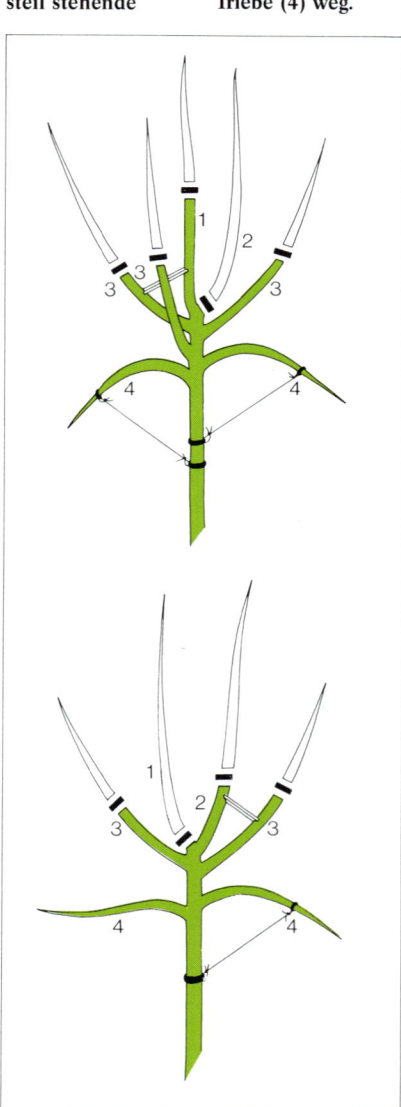

der das abgetragene Fruchtholz entfernt, neue Triebe ersetzen es (s. Seite 28, 29). Der Mitteltrieb und die Hauptleitäste werden in den ersten 4 bis 5 Jahren etwa um ein Drittel eingekürzt. Die Seitentriebe an den Leitästen werden erzogen wie oben beschrieben, jedoch soll sich hier, in etwa 1 m Entfernung vom Stamm je ein Nebenleitast bilden. Dieser entspringt möglichst an der Unterseite der Astverlängerung. Wieder etwa 1 bis 1,5 m oberhalb dieses Nebenleitastes kann später ein zweiter Nebenleitast angeschnitten werden, je nachdem, wie hoch die Krone werden darf (s. Abb. links, Abb. Seite 37).

Alle weiteren Nebentriebe werden stets zu Fruchtholz umgewandelt, was am besten durch Nicht-Schneiden erreicht wird. In den ersten Jahren hilft man auch durch Niederbinden nach, später ist dies nicht mehr nötig. Alle zu starken Nebentriebe, z.B. Konkurrenztriebe, werden stets entfernt. Auch lichtet man die Nebentriebe aus, daß sie locker stehen, wobei immer die am steilsten stehenden weggeschnitten werden. Ab dem 5., 6. Jahr kann bereits mit dem Ableiten begonnen werden. Fruchtholzerneuerung und Auslichten wurde schon auf den Seiten 28 und 29 beschrieben.

Bei schwachwachsenden Bäumen kommt es vor, daß auch Leittriebe an ihrer Spitze eine Blütenknospe tragen; diese ist natürlich zu entfernen, auf die nächste, tieferstehende Knospe nach außen. Ist die Kronenerziehung nach 5 bis 6 Jahren abgeschlossen, braucht man sich um solche Dinge nicht mehr zu kümmern.

Anfangs erscheint der ganze Aufbauschnitt einer Krone für den Laien sicher-

Erziehung von Rundkronen, 2. Standjahr. Links: Pyramidenkrone. Rechts: Hohlkrone.

1 = Stammverlängerung,
2 = Leitast,
3 = Nebenleitast,
4 = Konkurrenztrieb, der entfernt oder durch Tiefbinden

in Fruchtast umgewandelt werden kann. Waren beim Jungbaum nur 2 brauchbare Leitäste vorhanden,

erzieht man den 3. und 4. Leitast aus dem nächstjährigen Austrieb.

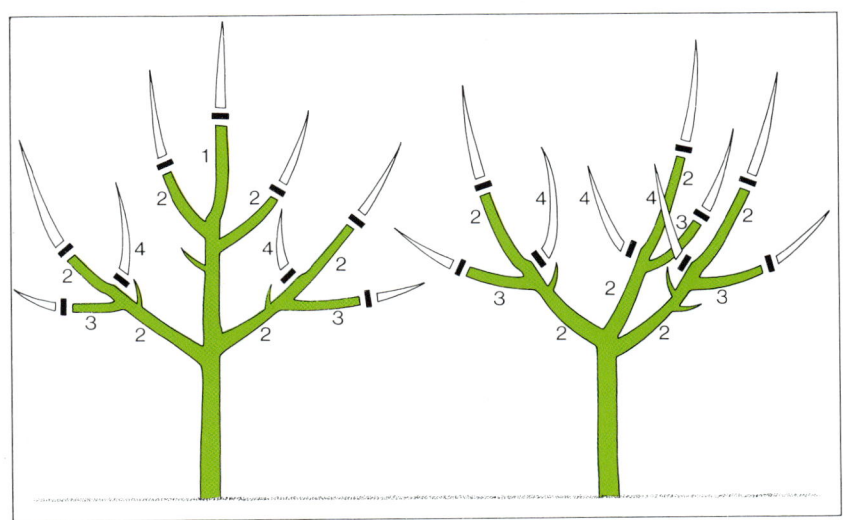

lich kompliziert. Bei einiger Einfühlungsgabe in das Wachstum der Zweige und in die Reaktion auf den Schnitt wird diese Arbeit aber bald zur interessanten Aufgabe und bereitet keinerlei Schwierigkeiten mehr.

Hohlkrone

Diese Erziehungsform stellt nichts anderes dar, als eine Pyramidenkrone ohne Mittelstamm. Dabei kann die junge Baumkrone gleich ohne Mitteltrieb erzogen werden oder man schneidet diesen erst nach mehreren Jahren aus der Krone heraus. So nützt man anfänglich den Standraum besser aus und erzielt auch eine bessere Verankerung der Leitäste am Stammgerüst.

Erziehung des Jungbaumes

Man wählt beim Jungbaum 3 bis höchstens 4 etwa gleichstarke Triebe aus, die in einem günstigen Winkel zueinander stehen. Diese schneidet man in gleicher Höhe auf ein Auge nach außen an. Mitteltrieb und Konkurrenztrieb werden entfernt. Sind nur 2 gute Triebe vorhanden, zieht man im nächsten Jahr aus den neuen Austrieben einen 3. Leittrieb heran. Alle anderen Triebe bindet man waagrecht oder tief. Stehen die jungen Leittriebe ungünstig zueinander oder steil, hilft man sich mit Spreizen, Binden oder Stäben. Der weitere Aufbau der Hohlkrone geschieht wie bei den Leitästen der Pyramidenkrone (s. Abb. Seite 36, Abb. oben).
Eine andere Möglichkeit der Hohlkronenerziehung bei starkwüchsigen Apfel-

**Erziehung stark-
triebiger Bäume zu
Hohlkronen.**

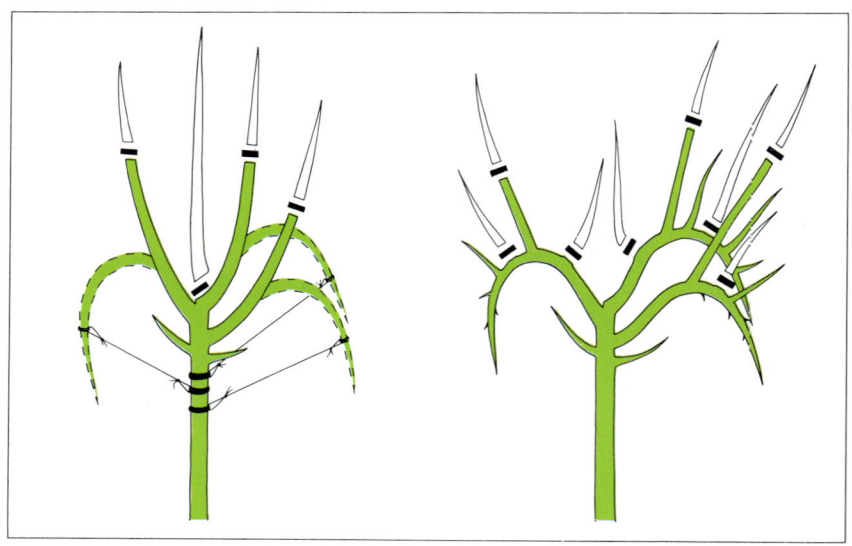

oder Zwetschenbäumen wurde vor etwa 30 Jahren propagiert: Man schneidet die Leittriebe nicht an, sondern bindet sie mit Schnüren bogenförmig zum Stamm hinunter. Aus den Scheitelpunkten dieser Bögen sprießen starke Triebe, von denen man im 2. Winter die am günstigsten stehenden als Leitäste anschneidet. Je nach Wuchsstärke werden sie etwa um $\frac{1}{5}$ eingekürzt, konkurrierende Austriebe werden entfernt, die anderen wieder tief gebunden. Die tiefgebundenen Triebe setzen meist noch im gleichen Jahr Blütenknospen an und kommen so früher in Ertrag. Freilich, diese Erziehungsart ist nicht jedermanns Sache, sie wurde jedoch in der Steiermark viel und mit Erfolg praktiziert (s. Abb. oben). Auch bei der Hohlkrone zieht man in den nächsten Jahren in etwa 1 m Entfer-

nung vom Stamm an jedem Hauptast einen Nebenleitast heran. Alle übrigen und später wachsenden Seitentriebe werden zu Fruchtästen umgewandelt, wie bei der Pyramidenkrone beschrieben. Anstelle des Nebenleitastes kann man die Hauptäste auch in etwa 1 m Entfernung vom Stamm vergabeln lassen, so daß der Baum dann 6 Hauptleitäste besitzt. Diese Kronenform nennt man auch »Trichterkrone«. Sie hat sich aber nur beim Pfirsich bewährt, da hier ein andauernder, strenger Fruchtholzschnitt für lichte Kronen sorgt.

Bei starkem Fruchtbehang können an Hohlkronen Leitäste ausbrechen. Dies verhindert man durch gegenseitiges Verspannen der Leitäste mit starkem Draht oder Drahtseilen. Die Rinde schützt man dabei durch alte Schlauchstücke, durch

Vorbildlich erzogene und geschnittene Apfel-Hohlkrone.

39

Oben: Apfel-
Palmette, etwa
12jährig, vor dem
Winterschnitt
('Golden Deli-

cious'). Unten:
Die gleiche
Apfel-Palmette
nach dem
Schnitt.

die der Draht um die Äste gezogen wird. Auch die Hohlkrone wird in den weiteren Jahren laufend ausgelichtet, wobei vor allem nach innen wachsende Triebe zu entfernen sind. Zu steile Leitäste oder solche, die ihre endgültige Höhe erreicht haben, leitet man auf schwächere, nach außen weisende Seitenzweige ab (s. Abb. Seite 39).

Nachträgliche Umstellung einer Pyramidenkrone

Stehen die Leitäste einer Pyramidenkrone zu steil, so daß der Mittelstamm mit seinen Fruchtästen die Leitäste zu sehr beschattet und bedrängt, kann der gesamte Mittelstamm an der Verzweigungsstelle der Leitäste herausgesägt werden. Die Kronen werden dadurch sehr viel lichter und leichter zugänglich. Überhaupt ist die Hohlkrone eine praktische Erziehungsform, weil an ihr alle Arbeiten leichter durchgeführt werden können und die Früchte viel besser besonnt werden.

Bei der nachträglichen Umstellung auf Hohlkrone sind die Leitäste weniger bruchgefährdet als bei einer erzogenen Hohlkrone, weil die Verankerung am Mittelstamm besser ist. Natürlich könnte der Mittelstamm auch höher oben weggeschnitten werden, indem man ihn auf einen Fruchtast ableitet. Man erhält so ein Mittelding zwischen Hohl- und Pyramidenkrone.

Längskrone

Unter den Begriff »Längskrone« fallen alle Kronenformen in der Heckenerziehung. Die wichtigsten sind Palmette oder Dreiasthecke, Ypsilon-Hecke, die formlose, schräge Hecke (nach Duhan) und schließlich das formlose Wandspalier. Die früher üblichen Kunstformen der verschiedenen Palmetten können wir uns hier ersparen, ebenso die waagrechten Schnurbäume.

Der Reihenabstand sowie der Pflanzabstand in der Reihe richten sich nach der verwendeten Unterlage und der Wuchsstärke der Edelsorte. Die Maße schwanken von $2,5 \times 3$ m bis 4×5 m.

Palmette oder Dreiasthecke

Diese Heckenform am Drahtspalier ist bis heute in vielen Obstbauländern gebräuchlich. Auch ohne Draht, nur mit Pfählen und Leitstäben wurden solche Hecken erzogen, wobei man die sich überkreuzenden Leitäste benachbarter Bäume miteinander verwachsen ließ und sich so die Bäume gegenseitig Halt gaben.

Die Erziehung der Dreiasthecke ist denkbar einfach: Neben einem Mittel-Leittrieb werden 2 Hauptleittriebe in einem Winkel von mindestens 45° zur Mittelachse angeschnitten. Hierbei kann der Schnitt schwächer ausgeführt werden als bei freistehenden Rundkronen, weil ja die Zweige gleich an das Drahtgerüst angeheftet werden. Die Stammhöhe beläßt man bei etwa 60 cm, um unter den Kronen später noch eine Bodenbearbeitung durchführen zu können.

Der unterste Spanndraht hat demnach eine Höhe von 60 cm. An ihn wird das Stämmchen angeheftet und mittels Schnüren auch die beiden Leittriebe. Diese kürzt man je nach Wuchsstärke

40

41

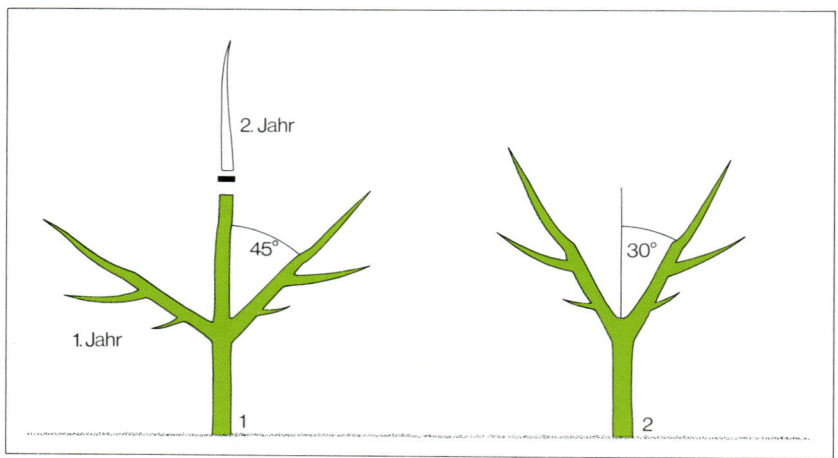

Erziehung von Längskronen.
1 = Palmette oder Dreiasthecke,
2 = Ypsilon-Hecke.

Die beiden Leitäste sollen bei der Ypsilon-Krone steiler stehen als bei der Palmette.

2. Jahr

45°

1. Jahr

1

30°

2

um ¹/₄ bis ¹/₃ ein, schwache Triebe gar nicht. Zu flach stehende Leittriebe muß man sogar aufbinden! Spitzenständige Blütenknospen werden entfernt. Im 2. Jahr beläßt man den Leittrieben eine entsprechende Verlängerung, alle übrigen Triebe werden niedergebunden. Fruchtruten, die mit einer Blütenknospe enden, läßt man in Ruhe.

Der Mitteltrieb wird, im Gegensatz zur Pyramidenkrone, in gleicher Höhe wie die Leitäste angeschnitten, bei starken Wachsern, z. B. bei Birnen, sogar etwas tiefer. Der Konkurrenztrieb kommt weg. Auch in den nächsten Jahren darf der Mitteltrieb nie höher werden als die Leittriebe. Alle seitlichen Austriebe am Mittelstamm werden niedergebunden, die zu starken entfernt. Es werden keine weiteren Leitäste geduldet, nur Fruchtäste (s. Abb. Seite 41, Abb. oben).

Jede Hecke erfordert in den ersten 3 bis 4 Jahren viel Bindearbeit. Später behilft man sich, indem man alle steilen Triebe wegschneidet und die flacher stehenden beläßt. Diese setzen dann von selbst Blütenknospen an. Dazu noch ein Wort zum Binden (s. auch Seite 19): Jedes Binden bedeutet eine Triebhemmung. Am geringsten ist diese beim Schrägbinden. Der Trieb wird ähnlich durchtreiben wie ein senkrechter, aber schwächer. Waagrechtbinden hemmt den Trieb stark, die Spitze treibt schwach aus, dafür viele oberseitige Augen. Beim Tiefbinden kommen die stärksten Triebe aus dem Scheitelpunkt, im übrigen entstehen vorwiegend Fruchtspieße. Tiefgebundene Triebe kommen daher am raschesten zum Blühen. Durch die Verwendung von schwachwüchsigen Unterlagen und durch die Bindemöglichkeit am Drahtgerüst kommen Hecken früher in Ertrag als freistehende Kronen. Vorsicht vor Überbauung! Oberstes Leitmotiv jeder Heckenerziehung muß sein:

kleinem Raum anzubauen. Er kann zudem alle Arbeiten einschließlich der Ernte vom Boden aus durchführen. Die Erziehung einer Dreiast- oder Y-Hecke zu erlernen, ist keine Hexerei und lohnt sich bestimmt.

Ypsilon-Hecke

Eine Dreiast-Krone ohne Mitteltrieb ergibt die Y-Krone. Sie ist die Längsform der Hohlkrone. Wie bei dieser, kann auch hier der Jungbaum gleich mit nur 2 schräggestellten Leitästen erzogen werden. Oder man baut zuerst eine Dreiasthecke auf und sägt den Mittelstamm erst später heraus, wenn er zu viel Schatten macht. Bei Erziehung von nur 2 Leitästen ohne Mitteltrieb dürfen diese nicht zu flach stehen, sonst treiben immer wieder massenhaft »Wasserschosse« ins Kroneninnere. Ein Winkel von 45° zur gedachten Mittelachse ist hier das Maximum! Pflanzschnitt und Kronenerziehung werden wie bei der Dreiasthecke durchgeführt (s. Abb. Seite 42, 44).
Bei starkwüchsigen Jungbäumen, die zu Y-Kronen formiert werden sollen, können die beiden Leittriebe ebenfalls (wie bei der Hohlkrone beschrieben) ohne Anschnitt bogenförmig abwärtsgebunden werden. Dies kann schon im 1. oder auch erst im 2. Jahr geschehen. Aus den beiden stärksten Scheiteltrieben baut man die Krone weiter auf. So erzielt man rasch Fruchtholz.

Formlose, schräge Hecke

Prof. Dr. Duhan, Wien, propagiert seit vielen Jahren diese Form der Heckenerziehung und, wie man mittlerweile aus

an der Basis immer breiter als an der Spitze! Eine junge Hecke bildet demnach im Querschnitt ein Dreieck, später, wenn die gewünschte Höhe erreicht ist, ein Trapez! Bei starkwüchsigen Sorten oder bei zu starker Unterlage ist es oft schwer, die Höhe der Hecke auf 2,5 oder 3 m zu begrenzen. Immer wieder treiben oben starke Triebe durch und bilden oft einen Wald von »Reitern«. Diese zurückzuschneiden wäre grundverkehrt! Hier hilft nur ein radikales Zurücksetzen auf tiefer stehende, schwache Zweige. Dadurch kommt der Saftdruck auch den unteren Kronenpartien zugute und die unteren Zweige treiben gut durch. Nichts wäre gefährlicher als eine Überbauung und unten eine Verkahlung der Krone! Auch hier ist laufende Beobachtung der beste Lehrmeister (s. Abb. oben).
Die Obsthecke bietet dem Kleingärtner die Möglichkeit, mehrere Obstsorten auf

Oben: Ypsilon-Hecke, Birne auf Quitte, 2jährig vor Schnitt und Formierung ('Williams Christ').

Unten: Der gleiche Baum nach dem Schnitt.

Erfahrung weiß, mit bestem Erfolg. Es ist die einfachste und arbeitssparendste Form der Heckenerziehung bei sehr früh einsetzender Fruchtbarkeit. Duhan setzt sogar Zeitpunkt und Höhe der Anfangserträge einer Pflanzung von Schlanken Spindeln gleich und das bei der Hälfte an benötigten Bäumen.

Für Apfelbäume wählt man eine mittelstark wachsende Unterlage, für Birnen die von Duhan erfolgreich erprobte *Pyrus betulifolia*, auf schlechten Böden auch den Sämling. Als Pflanzabstand gelten 4 × 4 m. Nach Erstellung eines 2 m hohen Drahtgerüstes mit 3 Drähten, deren unterster in 60 cm Höhe gespannt wird, pflanzt man die Bäumchen und bindet sie an einen Pfahl. Geschnitten wird nicht. In 60 cm Höhe wird der Mitteltrieb schräg gestellt, anfänglich auf 45°. Alle Austriebe werden nun schon im Jahr ihrer Entstehung ebenfalls schräg formiert. In den ersten 4 Jahren wird überhaupt nicht geschnitten, es werden höchstens zu ungünstig stehende Triebe ganz entfernt. Durch Schrägbinden aller verfügbaren Langtriebe wird der Standraum gleichmäßig ausgefüllt. Das Schrägbinden bewirkt eine Wuchshemmung, deren Folge rascher Blütenknospenansatz ist. Die Wuchshöhe der Hecke wird mit 2 m begrenzt.

Nach etwa 4 bis 5 Jahren wird mit dem Auslichten und Absetzen auf jüngere Fruchtäste begonnen. Junge Triebe werden in die Lücken hineinformiert. Bereits im 4. Jahr bindet man den schrägen »Hauptstamm« flacher, um die anfänglich erwünschte Spitzenförderung zu bremsen. In der Folge werden auch die Fruchtäste auf etwa 30° gebunden. Wichtig ist es, kein Dickicht aufkom-

Oben: Formlose schräge Hecke, Birne auf Quitte, 6jährig, vor Schnitt und Formierung.

Unten: Die gleiche Hecke nach dem Schnitt.

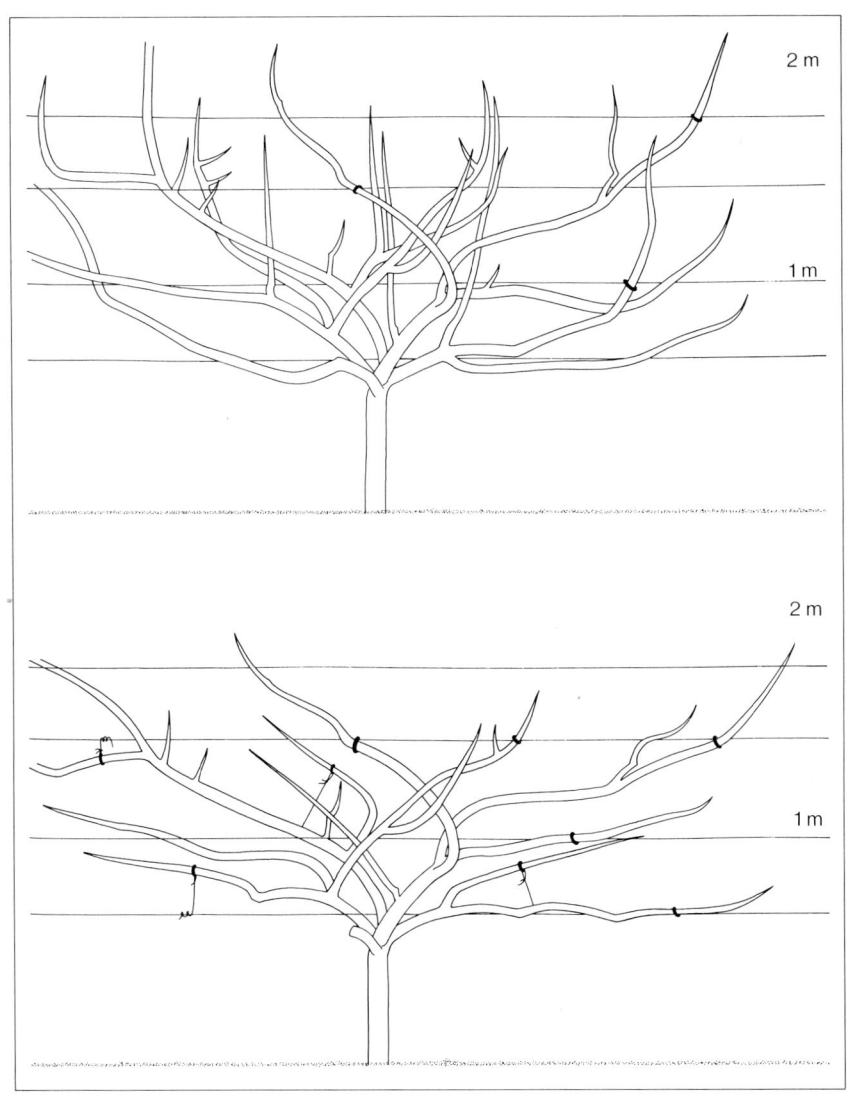

Oben: Formlose, schräge Hecke, Birne auf Pyrus betulifolia, 9jährig, vor dem Auslichten und Formieren. Unten: Die gleiche Hecke nach dem Schnitt.

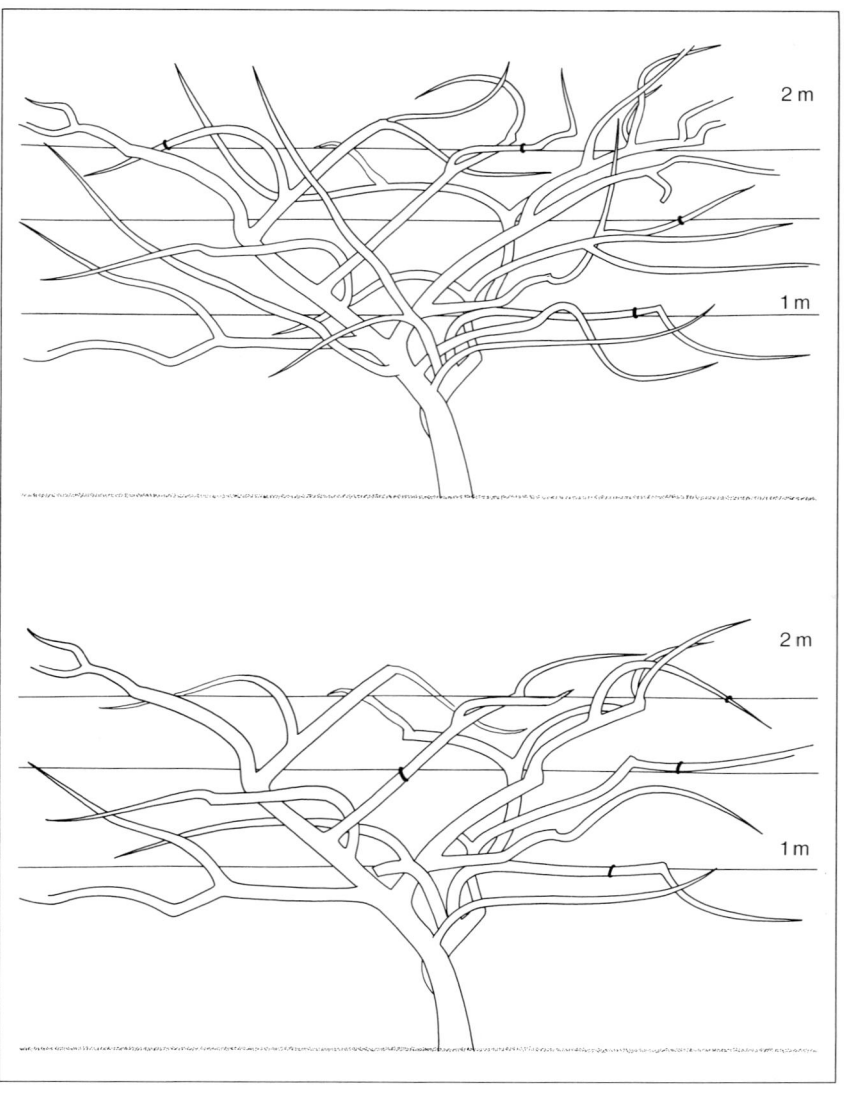

46

men zu lassen. Parallel laufende Triebe lichtet man aus (s. Abb. Seite 45, 46). Die formlose, schräge Hecke ist leicht zu erziehen und erfordert in den ersten 4 Jahren keinen Schnitt, allerdings viel Bindearbeit.

Formloses Spalier (Wandspalier)

An Haus- und Scheunenwänden waren Spalierbäume schon immer beliebt. Die hierfür verwendeten Erziehungsformen wie die senkrechten Kordons, die U-Formen und verschiedenen Verrier-Palmetten erforderten einen ungeheuren Schnittaufwand. Heute erzielt man die Fruchtbarkeit am viel natürlicheren, langen Fruchtholz. Daher erscheint das formlose Spalier oder Fächerspalier zur Bekleidung von Wänden am besten geeignet (s. Abb. Seite 17).
Man kann die Bäume mit durchgehendem Mittelstamm erziehen, oder, was günstiger erscheint, ohne einen Mittelstamm etwa nach Art der formlosen, schrägen Hecke. Der Mittelstamm bringt erfahrungsgemäß immer die meisten und stärksten Durchtriebe, während die unteren Äste leicht verkahlen. Ein Spalier soll aber zeitlebens von unten bis zur Spitze gleichmäßig mit Fruchtästen garniert sein.
In den ersten 3 bis 4 Jahren wird am jungen Baum nicht geschnitten. Mittelstamm und Seitenäste werden jedoch schräg gebunden und gleichmäßig über die Wandfläche verteilt. Starke Triebe bindet man flacher, schwächere steiler, schwache gar nicht. Ab dem 4. Jahr beginnt man mit der Fruchtholzerneuerung durch Auslichten und Ableiten auf junge Triebe. Die Formierungsarbeit muß konsequent beibehalten werden. Ist nach mehreren Jahren die Wandfläche mit Ästen und Zweigen gut ausgefüllt, entfernt man am besten allzustarke Austriebe ganz oder setzt sie gleich auf schwächere Fruchtäste zurück. Dies ist auch eine Frage der Unterlage.
Für hohe Spaliere darf die Unterlage nicht zu schwach sein. Beim Apfel wählt man mittelstarke Unterlagen, bei Birnen den Sämling. Auch Steinobst läßt sich gut zu Wandspalieren erziehen, wobei man grundsätzlich wie oben beschrieben vorgeht. Schwierigkeiten bereitet nur der Pfirsich (s. Seite 63).

Spindelbusch

Diese Baumform wurde besonders in den 40er Jahren von Schmitz-Hübsch kreiert und stellt eine Rundkrone auf schwachwüchsiger Unterlage dar. Damals entstanden überall Spindelbuschanlagen auf M 9. Der Spindelbusch auf M 9, bei schwachwüchsigen Sorten auch auf M 26, braucht zeitlebens einen starken Stützpfahl, sofern man ihn nicht durch ein Drahtgerüst in eine Spindelbuschhecke umfunktioniert. Spindelbüsche pflanzt man auf 4 m Reihenabstand, in der Reihe, je nach Wuchsstärke, auf 2 bis 3 m. Bei der Pflanzung wählen wir eine Stammhöhe von 40 bis 60 cm, unterhalb dieser Höhe werden alle Seitentriebe des Bäumchens entfernt. Von den übrigen Seitentrieben wählt man 3 bis 4 möglichst waagerecht stehende aus, die anderen werden entfernt. Das geschnittene Jungbäumchen soll einen Kegel bilden, wobei die Triebe von unten nach oben auf etwa 5, 4 und 3 Augen einge-

Oben: Behandlung des Spindelbusches nach der Pflanzung. 1 = Nur 3 bis 4 möglichst waagrecht stehende Seitentriebe belassen. 2 = nach dem Schnitt, Seitentriebe werden niedergebunden und eingekürzt.

Unten: Spindelbusch im 3. Standjahr. Guter Blütenbesatz zu erwarten. Schnüre können nach der Ernte entfernt werden. Trieb (1) ist im Winter auf (2) abzuleiten.

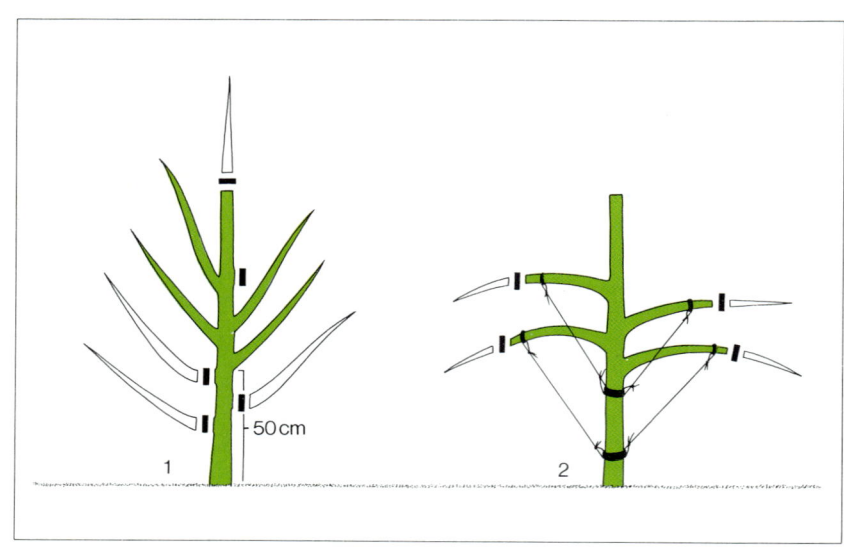

kürzt werden. Der Mitteltrieb überragt den obersten Seitentrieb um 4 bis 5 Augen (s. Abb. oben).

In den Folgejahren ist streng darauf zu achten, daß sich die Krone nicht überbaut. Der Mitteltrieb wird etwa auf die Hälfte eingekürzt, die Konkurrenzknospe entfernt. Die Seitentriebe bindet man waagrecht oder ganz leicht ansteigend. Seitenzweige sollen sich nie zu Leitästen entwickeln. Sie bleiben nur Fruchtholzträger und sollen weiterhin eine pyramidale Kronenform gewährleisten.

Mit Ausnahme des Mitteltriebes werden alle Seitentriebe möglichst nicht eingekürzt, sondern nur ausgelichtet und niedergebunden. Später wird das lang belassene Fruchtholz laufend erneuert (»Fruchtholzrotation«), indem man die

**Oben: Spindel-
busch, 3. Standjahr,
vor dem Schnitt.
Unten: Der gleiche
Spindelbusch
nach dem Schnitt.**

abgeernteten Zweige auf jüngere, günstig stehende zurücksetzt oder ableitet. Auch starke Austriebe kann man durch Niederbinden rasch in Fruchtzweige umwandeln (s. Abb. links).

Die Abstände der stärkeren Fruchtäste übereinander sollten nicht unter 50 cm betragen, damit die Krone immer locker bleibt. Wenige Äste bringen stets schönere und bessere Früchte als zu viele und zu dicht stehende. Die Höhe der Bäume begrenzen wir auf 2,5 m. Um den oberen Durchtrieb und damit die Überbauung zu bremsen, binden wir die nicht eingekürzten Triebe flach, schwächere Triebe »lassen wir laufen«; diese setzen von selber Blüten an. Nach dem Abtragen schneiden wir die ganzen Zweige auf tieferstehende, mit Blütenknospen besetzte Zweige zurück.

Um starkwüchsige Sorten wie 'Gravensteiner', 'Boskoop' oder 'Gloster 69' ohne größere Probleme »spindelbuschtauglich« zu machen, sollten sie hochveredelt auf M 9 gekauft werden. Die etwa 30 cm hohen Stämmchen der Unterlage M 9 bremsen den Wuchs sehr stark und man bekommt auf diese Weise die Kronenerziehung leichter in den Griff. Vielleicht bietet in Zukunft auch die Unterlage M 27 für diese Sorten eine Lösung an.

Schlanke Spindel

Die für den Kleingarten sehr günstige Baumform ist eine Abwandlung des Spindelbusches. Bei diesen, auf M 9 veredelten Bäumen werden keine Leitäste erzogen, sondern nur kurze Sockel, die einen spitzpyramidalen Aufbau der

Erziehung der Schlanken Spindel. Pflanzung als 1jährige Veredlung ohne Seitentriebe. Am 2jährigen Zweig wird im Winter darauf die Verlängerung entfernt. Im 3. Jahr wird der Zweig fruchten, danach wird er auf Basisaugen oder Frucht- spieße zurückge- setzt. 1jährige Triebe nie ein- kürzen, zu dicht stehende auslich- ten. U = Unterlage L = Leitastsockel. Rechte Seite: Die Schlanke Spindel ist früh fruchtbar und vom Boden aus leicht zu pflegen und abzuernten.

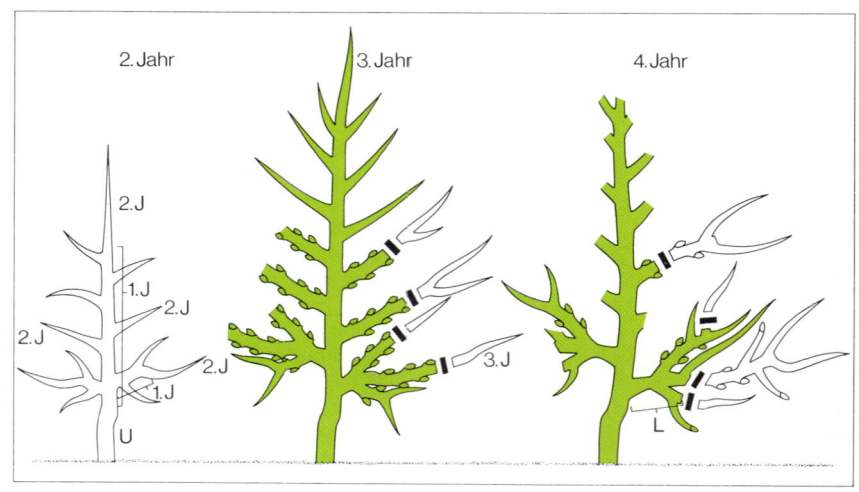

Krone ermöglichen. Zur Planzung ver- wendet man meist 1jährige Veredlun- gen, die bis zu einer Höhe von 1,20 m ungeschnitten bleiben; höhere kürzt man auf diese Höhe.

Vorzeitige Seitentriebe sollten vorhan- den sein. Wenn nicht, kürzt man das Stämmchen auf etwa 1 m und entfernt die oberen 4 bis 5 Augen unter der Ver- längerungsknospe. So erzwingt man ei- nen Austrieb der Seitenknospen in der richtigen Höhe. Vorzeitige Seitentriebe wären natürlich am günstigsten, weil sie aufgrund ihrer flachen Stellung noch im ersten Standjahr Blütenknospen anset- zen. Man erspart sich so ein Jahr im Kronenaufbau.

In den folgenden Jahren schneiden wir den Gipfeltrieb 30 cm über dem ober- sten Seitentrieb an; alle anderen Triebe werden nach der Blüte waagrecht gebun- den. Zu starke Konkurrenztriebe kom-

men weg. Das Fruchtholz wird ständig erneuert, so daß sich erst gar keine Äste entwickeln können. Es gibt daher bei der Schlanken Spindel nur 1jährige Triebe vom Stamm weg, 2jährige, die Blütenknospen entwickeln sowie die 3jährigen, fruchtenden Zweige. Diese werden im folgenden Winter auf den Leitastsockel zurückgeschnitten. Da auch schon die Verlängerungstriebe am 2jährigen Holz entfernt werden, bleibt diese Baumform wirklich schlank (s. Abb. oben).

Die Bäume sollen höchstens 2,5 m hoch werden. Das Niederbinden der Seiten- triebe kann man sich später dadurch erleichtern, daß man von den vielen Aus- trieben immer die flachsten stehen läßt, die steilen jedoch entfernt, falls sie nicht mit einer Blütenknospe enden. Die Baumhöhe begrenzt man, indem man die obersten, oft starken Triebe mitsamt

der Achse auf schwache, blütenknospenbesetzte Zweige zurücknimmt.

Schlanke Spindeln pflanzt man in der Reihe auf 1 bis 1,20 m Abstand oder in Doppelreihen im Dreiecksverband mit 1 m Abstand. Die mehrreihigen »Beetpflanzungen« der Holländer kommen für den Kleingarten wohl kaum in Frage. Die Erziehung der Schlanken Spindel sieht in der Praxis zumeist anders aus. Es entstehen gewöhnlich normale Spindeln, also ein Mittelding zwischen Schlanker Spindel und Spindelbusch; einerseits, weil man es nicht übers Herz bringt, soviel wegzuschneiden und man um den Ertrag fürchtet, andererseits, weil die Bäume einfach nicht immer so austreiben wie geplant.

Aber das macht nichts! Wichtig ist der lockere Aufbau der Krone und ihre Beschränkung in der Ausdehnung. Pflanzt man die Bäume weiter auseinander, 1,50 bis 2 m etwa, können natürlich auch längere Leitastsockel verbleiben. Die hier wiedergegebene Lehrmeinung kann daher je nach Erfordernis etwas abgewandelt werden.

Birne und Quitte

Für die Birne gilt im allgemeinen alles, was bisher für den Apfel besprochen wurde. Allerdings ist bei der Birne die Mittelachse stark im Wuchs gefördert; die Bäume neigen daher zum »Pappelwuchs«. Um ein zu starkes Durchtreiben der Gipfeltriebe und damit eine Überbauung der Krone zu verhindern, muß die Stammverlängerung oft bis auf die unteren, schwachen Augen zurückgenommen werden. Noch besser schneidet man auf einen tieferstehenden, schwächeren Seitentrieb zurück. Die

Oben: Blütenknos-
penbildung an
waagrechten oder
leicht hängen-
den Zweigen der
Birnensorte
'Alexander Lucas'.

Unten:
Birnenspindel,
Sorte 'Abbé Fetél'.

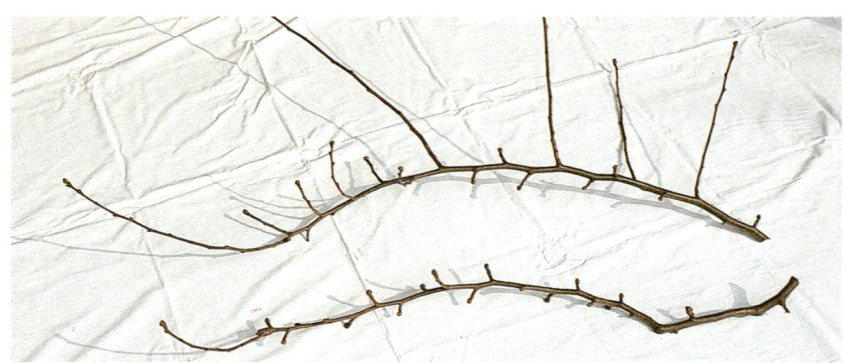

zahlreich seitlich austreibenden Ruten
können, nach Auslichtung der zu dicht
stehenden, durch Niederbinden leicht
in Fruchtholz umgewandelt werden. Sorten mit mehr waagrecht wachsenden
oder bogig überhängenden Trieben (z. B.
die Sorte 'Alexander Lucas') werden
auch ohne Binden rasch fruchtbar (s.
Abb. oben).

Die Birne ist aber auch sehr gut geeignet
für die formlose, schräge Hecke sowie
für das Wandspalier, sowohl mit durchgehendem Mittelstamm wie auch als Fächerspalier mit unregelmäßig verteilten,
schrägen Leitästen. Hierbei müssen natürlich alle starken, senkrechten Austriebe (»Wasserschosse«) entfernt oder
herabgebunden werden. Da das Fruchtholz der Birne sehr bald vergreist, ist die
laufende Fruchtholzverjüngung oberstes
Gebot!

Über die Erziehung der Quittensträu-
cher brauchen wir uns keine Gedanken
zu machen. Sie wachsen nur in der Jugend stärker und kommen mit Einsetzen des Ertrages bald zur Ruhe. Quitten
erzieht man am besten als Buschbaum

mit Pyramiden- oder Hohlkrone, wobei
dies nicht so exakt geschehen muß wie
beim Apfel. Nach einem 2- bis 3jährigen
Aufbauschnitt kann man den Rückschnitt der Leitastverlängerungen been-
den. Auslichtung und Fruchtholzverjüngung erfolgen wie beim Apfel.

Steinobst

Die Wuchseigenschaften der Steinobstbäume sind in mehrfacher Hinsicht von jenen des Apfelbaumes verschieden. Zwar gelten die gleichen Wachstumsgesetze in Bezug auf Austrieb, Triebförderung und Art der Triebverteilung, doch weicht jede Steinobstart in gewissen Lebensäußerungen von denen des Kernobstes ab.

So gibt es beim Steinobst keinen Trieb, der mit einer Blütenknospe abschließt. Die Spitzenknospe ist immer eine Triebknospe, auch bei den Fruchtspießen. Auch erzeugt das Steinobst kein verzweigtes Quirlholz wie Apfel und Birne, nur die Zwetschen und ihre Verwandten bilden verzweigte Fruchtspieße aus.

Alle Steinobstarten gehören einer einzigen Gattung (Prunus) an. Dieser Gattung ist die Fähigkeit zur Gummibildung gemeinsam; d. h., austretender Pflanzensaft erhärtet an der Luft zu Gummi, der in Wasser beliebig quellfähig ist. An Schnittwunden, Verletzungen und bei Krankheitsbefall kommt es oft zur Gummiausscheidung, wodurch die Wundverheilung verzögert und ein Befall mit Wundparasiten gefördert wird. Daher werden Steinobstbäume am besten im August–September noch im belaubten Zustand geschnitten. Die Schnittwunden verheilen besser und bilden weniger Gummi.

Der Kronenaufbau ist für jede Steinobstart typisch und unterscheidet sich von anderen. So baut sich die Süßkirsche anfangs streng symmetrisch auf, fast wie eine Kiefer, und bekommt erst im Alter, wie auch die Kiefer, eine mehr abgeflachte, runde Krone. Zwetschen bilden zwar meist einen durchgehenden Mittelstamm, ihr Kronenaufbau ist jedoch unregelmäßig, buschig. Aprikosen bilden von Natur aus breite, ausladende Kronen, wobei die Mittelachse bald ihre Vorherrschaft verliert. Der Pfirsich schließlich treibt die Spitzenförderung »auf die Spitze«, wobei die unteren Zweigpartien alsbald verkümmern und absterben. Im Alter überwiegt dann die »mesotone« Triebförderung, indem aus älteren Stämmen und Ästen starke »Reiter« durchtreiben, die durch Fruchtbogenbildung jedoch ebenfalls rasch vergreisen. Ein ungeschnittener Pfirsichbaum gleicht daher immer einem dichten »Besen« aus toten und lebenden Zweigen.

Unterlagen für das Steinobst

Die Steinobstarten wurden früher fast ausschließlich auf Sämlinge derselben Art veredelt; zum Teil ist das heute noch so.

Süß- und Sauerkirschen werden neben dem Vogelkirschensämling (Prunus avium) und der vegetativ vermehrten Kirschunterlage F 12/1 auch auf die Steinweichsel (Prunus mahaleb) veredelt. Diese erzeugt zwar kleinere Baumformen, aber nicht klein genug für den Kleingarten und für Hecken. Neuerdings werden von verschiedenen Baumschulen auch Süß- und Sauerkirschenbäume auf schwachwüchsigen Unterlagen wie 'Colt', 'Gisela' oder 'Weiroot' veredelt angeboten, die sich angeblich auch als Spindelbusch oder für niedere, etwa 3–4 m hohe Heckenerziehung eignen.

Bei der Kronenerziehung dieser Bäumchen wird anfangs nur der Mittelleittrieb auf etwa die Hälfte zurückgenom-

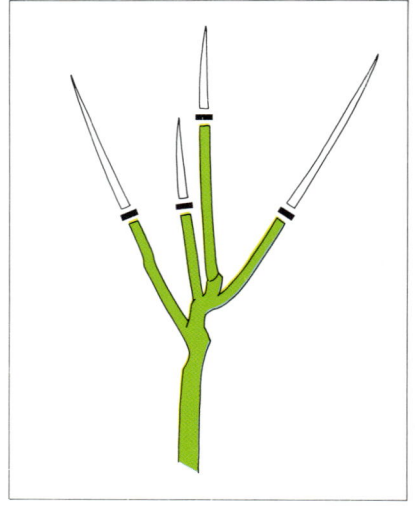

Pflanzschnitt bei
der Kirsche.

men, während die Seitentriebe nur waagrecht gebunden werden. Später leitet man alle aufrecht wachsenden Triebe auf waagrechte Seitenzweige ab. Dies geschieht am besten schon im jungen, krautigen Zustand, spätestens jedoch im Sommer nach der Ernte.

Zwetschen, Pflaumen, Reneklloden und Mirabellen werden zumeist auf selektionierte Unterlagen der Hauszwetsche veredelt ('St. Julien', 'Brompton') oder auf 'Myrobalane' (Kirschpflaume). Letztere wächst aber noch stärker als die Hauszwetsche. Schwächerwüchsig ist die 'Akkermannpflaume' ('Marunke'), die derzeit am meisten verwendet wird.

Aprikosen werden hauptsächlich auf Aprikosensämlinge veredelt sowie auf Hauszwetsche und leider auch auf 'Myrobalane'. Letztere Unterlage eignet sich nur für Sand- und Schotterböden, ansonsten wächst sie viel zu stark und die Bäume leben nicht lange.

Pfirsiche veredelt man auf Pfirsich-Sämling, in kühleren Gebieten mit feuchtem, schwerem Boden auf Hauszwetsche. In sehr trockenen Lagen mit leichtem Boden bewährte sich die Bittermandel als Unterlage.

Süßkirsche

Diese Obstart beansprucht den geringsten Schnittaufwand. Im allgemeinen wird nur ein Pflanzschnitt durchgeführt, bei dem man eine Pyramidenkrone anstrebt. Sind die Seitentriebe beim frisch gepflanzten Bäumchen nur schwach entwickelt, schneidet man nur den Mitteltrieb an und läßt von den übrigen die besten 3 bis 5 Triebe stehen (s. oben).

Da sich die Kirsche vorwiegend an der Triebspitze quirlartig verzweigt und entlang der Vorjahrstriebe nur bei Rückschnitt durchtreibt, schneidet man weiterhin nicht zurück und lichtet nur die schwächeren Quirltriebe aus. Wenn später die Krone zu hoch wird, leitet man die Leitäste und den Gipfel auf günstige Seitenzweige ab. Soll ein Kirschbaum niedrig bleiben, erzieht man ihn am besten als Hohlkrone und leitet die Leitastverlängerungen schon ab dem 3. oder 4. Jahr auf Seitentriebe nach außen ab. Jeder Rückschnitt von Langtrieben würde nur wilde »Besen« erzeugen.

Die Blütenknospen entwickeln sich bei den Kirschen an der Basis starker Langtriebe, entlang schwächerer Langtriebe und an den Bukettzweigen, die sich allmählich zu »Ringelspießen« auswachsen (s. Abb. Seite 14, 15). Dieses Fruchtholz ist beim Erhaltungsschnitt zu schonen. Beim Auslichten entfernt man immer größere Astpartien oder ganze Äste, die ungünstig stehen. Natürlich kommen auch alle Reiter weg, die besonders nach Ableitungsschnitten entstehen.

Unten: Sauerkir-
schen sind vielsei-
tig verwendbar
und anspruchslos
an Lage und Klima.

Rechte Seite,
oben:
Formlose, schräge
Sauerkirschen-
Hecke, 1. Stand-

jahr, vor dem
Schnitt. Unten:
Die gleiche
Hecke nach dem
Schnitt.

Von Süßkirschen lassen sich mit viel
Bindearbeit auch Obsthecken erziehen,
nach Wirth (Wädenswil) sogar auf der
Unterlage F 12/1. Duhan (Wien) arbei-
tet erfolgreich mit der formlosen, schrägen Hecke auf einer Zwischenveredlung
mit der Sauerkirsche 'Montmorency'.
Bei Interesse wende man sich an die
genannten Autoren.

Sauerkirsche

Bei den Sauerkirschen gibt es zwei
Wuchsformen: Aufrechtwachsende Kro-
nen ('Köröszer Weichsel', 'Kelleriis 14',
'Rexelle') und solche mit mehr hängen-

dem, später fast trauerweiden-artigem
Wuchs (Schattenmorelle). Da die Sauerkirschen ihre Blütenknospen entlang der
einjährigen Triebe entwickeln, müssen
immer genügend solcher Triebe vorhanden sein.
Bei der Pflanzung schneidet man nur
den Mitteltrieb zurück und vereinzelt
später die Triebe zu den künftigen Leitästen. Um die Bäume niedriger zu halten, wählt man eine Stammhöhe von 50
bis 60 cm. Die Krone erzieht man als
Pyramiden- oder besser als Hohlkrone.
Der Mittelstamm kann auch erst später
auf einen Seitenast abgeleitet werden.
Die Hauptäste sollen nicht zu steil stehen, daß die Krone licht und luftig bleibt.

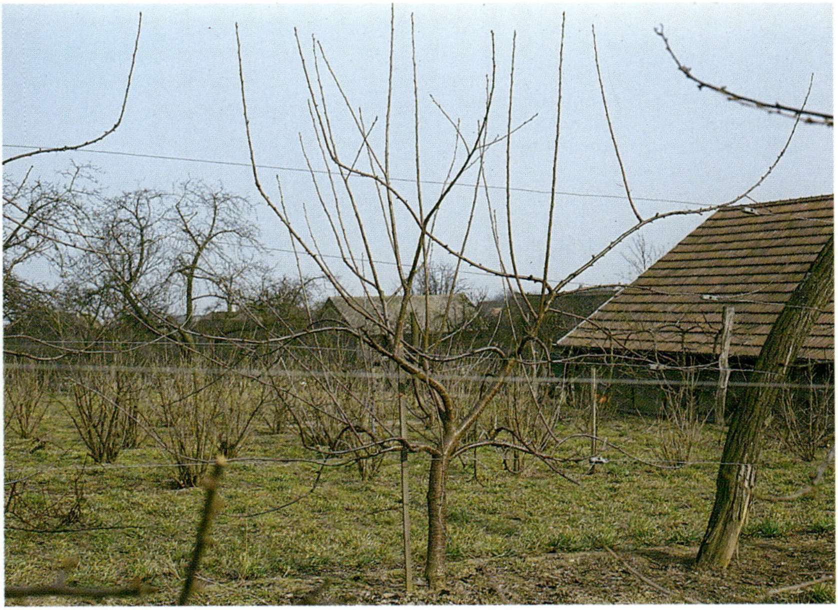

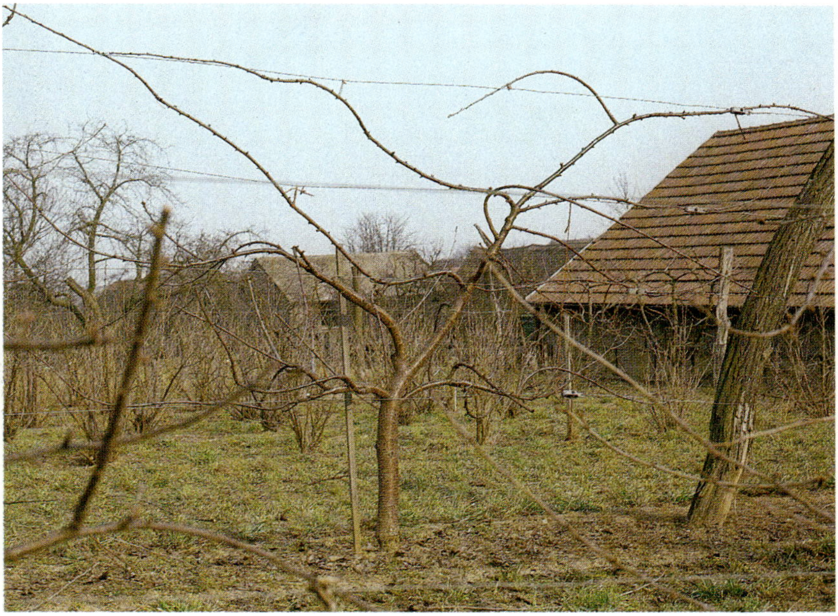

Beispiel für Auslichtung, Schnitt und

Formierung eines 3jährigen Zwetschenbaumes.

Ableiten und Auslichten ist besonders wichtig!

Aufrechtwachsende Sorten unterliegen mehrere Jahre hindurch einem laufenden Rückschnitt der Astverlängerungen, um genügend Seitentriebe zu erhalten. Die oft besenartigen Austriebe an den Spitzen sind dann zu vereinzeln. Am besten nimmt man im August alles bis auf den günstigsten, nach außen stehenden Trieb zurück.

So erzielt man einen Austrieb vieler Langtriebe entlang der vorjährigen Ruten, die sich noch im gleichen Jahr mit Blütenknospen garnieren.

Bei der Schattenmorelle hat sich mehr oder weniger durchgesetzt, alle Fruchttriebe nach der Ernte zurückzuschneiden, da sie, außer an der Basis und an der Spitze, auf ihrer ganzen Länge meist nur Blütenknospen ansetzen und nach der Ernte verkahlen. Sie treiben unbeschnitten nur an der Spitze weiter und es entstehen lange, peitschenartige Zweige, die den Baum in eine dichte »Trauerweide« verwandeln. Bei Rückschnitt der Fruchttriebe nach der Ernte auf die Basisknospen erzielt man eine ständige Fruchtholzerneuerung und größere Früchte, allerdings mit viel

Schnittarbeit! Die Leitastverlängerungen werden, wie oben beschrieben, zurückgeschnitten.

Sauerkirschen eignen sich auch für Wandspaliere. Als formlose, schräge Hecke erzogen (s. Seite 43, 44), kann man mit viel Binde- und Schnittarbeit die Sauerkirsche auch für Hecken verwenden (s. Abb. Seite 57)

Zwetsche, Pflaume, Reneklode, Mirabelle

Diese Steinobstarten werden einem 2- bis 3jährigen Aufbauschnitt unterworfen. Die Krone wird dabei als Pyramide, Hohlkrone oder auch als Längskrone erzogen. Später ist laufend auszulichten und das Fruchtholz zu verjüngen. Diese Arbeiten, auch schon der Pflanzschnitt, unterscheiden sich kaum von jenen des Apfels (s. Seite 26).

Zwetschen und Pflaumen neigen sehr zur Überbauung der Krone. Ein baldiges Stoppen des Höhenwuchses durch Ableiten auf Seitenzweige wird unerläßlich sein. Die oft massenhaft erscheinenden »Wasserreiser« sind glatt am Stamm oder Ast wegzuschneiden. Sie sind aber andererseits bestens zur Verjüngung ab-

Oben: Formlose, schräge Hecke der Elbetaler Zwetsche, 7. Standjahr. Unten: Hochwertige Früchte entstehen nur, wenn die Fruchtzweige laufend verjüngt werden.

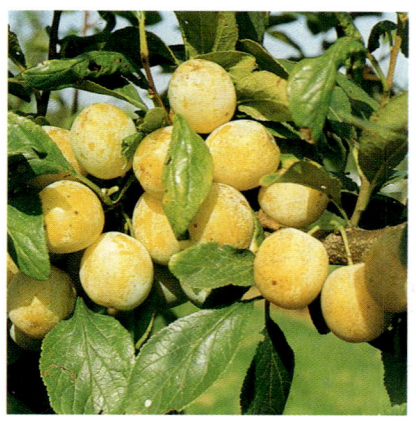

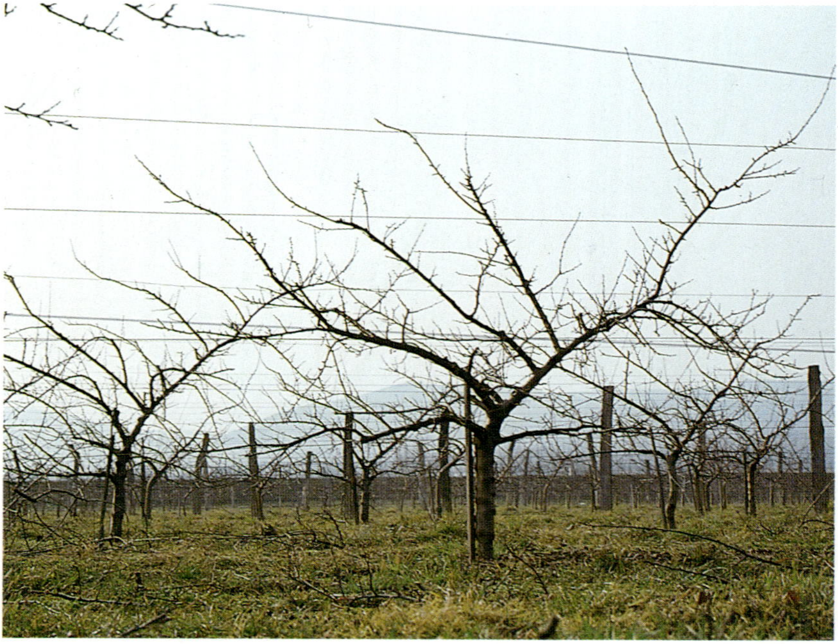

getragener (abgekippter) Fruchtäste geeignet, indem man die vergreisten Zweige bis zu diesen Austrieben wegnimmt. Natürlich wählt man hierfür die stärksten und günstigsten Triebe aus; sehr lange Ruten kürzt man im ersten Winter entsprechend ein (s. Abb. Seite 58, 59). Wichtig, wenn auch selten durchgeführt, wäre auch die laufende Verjüngung der kleinen Fruchtzweige. Es entstehen sonst bald dichte, teils absterbende Fruchtspieß-Verzweigungen, die nur mehr minderwertige Früchte liefern. Also stets Rückschnitt auf jüngere, stärkere Fruchtspieße und Fruchtruten vornehmen.

Aprikose

Die Aprikose stammt aus dem Orient und bevorzugt warme, eher trockene Lagen. Am besten gedeiht sie in Weinbaugebieten auf Kalkböden. Die Jungbäume erzieht man mit etwa 1 m Stammhöhe als Pyramiden- oder Hohlkrone. Wichtig ist, außer dem Pflanzschnitt (wie beim Apfel durchzuführen), der mehrjährige, starke Anschnitt der Leittriebe und der Stammverlängerung etwa auf die Hälfte ihrer Länge. So läßt sich ein starkes und tragfähiges Kronengerüst erziehen.

Ohne Schnitt entstehen lange, dünne Äste, die beim ersten Ertrag zusammenbrechen (s. Abb. unten).
Konkurrenztriebe und alle starken Austriebe, die ins Kroneninnere wachsen, bricht man vorteilhaft schon im krautigen Zustand aus. Nach 5 bis 6 Jahren beendet man den Rückschnitt und lichtet nur mehr aus. Aprikosen blühen am einjährigen Langtrieb (am besten im obersten Drittel), an Fruchtspießen und Bukettzweigen. Da altes, kleinzweigiges Fruchtholz nur kleine Früchte bringt, sollte man dieses laufend auf

Aprikose nach dem 3. Standjahr. Fälschlicherweise wurden im 2. Jahr nur die Äste (1), (2), (3) geschnitten. Der Baum wäre nun wie angegeben zu korrigieren.

junge, stärkere Triebe zurückverjüngen. Alle Schnittarbeiten führt man am besten in den Sommermonaten oder gleich nach der Ernte durch. Alle Schnittwunden sind gut zu verstreichen (s. Seite 105), weil sie sonst leicht durch den gefährlichen Holzparasiten *Valsa leuco-stoma* infiziert werden. Dies führt öfter zum Absterben von Ästen und Bäumen. Sehr beliebt sind Aprikosen auch in kühleren Gebieten und höheren Lagen als Fächerspalier an Hauswänden. Hier müssen die Bäume jedoch auf Zwetsche veredelt sein (s. Seite 54).

Oben: Junge Nektarine vor dem Pflanzschnitt.

Unten: Der gleiche Baum nach dem Schnitt.

Pfirsich, Nektarine

Die beiden, miteinander nah verwandten *Prunus*-Arten weichen in ihren Wuchseigenschaften von den anderen Steinobstarten ab. Sie neigen stark zur Überbauung der Kronen und zum raschen Vergreisen triebschwacher Äste und Zweige. Daher muß durch laufenden, starken Schnitt jeder Vergreisung begegnet werden. Andererseits lassen sich diese Bäume auch gut und öfter verjüngen, nahezu wie die Weiden.

Auch der Pfirsich *(Prunus persica)* stammt aus südlicheren Zonen und liebt daher warme, durchlässige Böden; jedoch weniger Kalk als die Aprikose, da er sonst zur Chlorose neigt (am besten ist ein pH-Wert von 6 bis 6,5). Nur bei Veredlung auf Zwetsche kann auch der Pfirsich in kühleren Gebieten gezogen werden, eventuell als Fächerspalier an Wänden.

Da der Pfirsich zu einem schleudrigen Wuchs neigt und von Natur aus keinen durchgehenden Mittelstamm bildet, erzieht man den Pfirsich am besten als Hohlkrone mit 3 bis 4 Leitästen. Die Hohlkrone wird schon beim neu gepflanzten, 1jährigen Heister aus den vorzeitigen Seitentrieben gebildet. Dazu wird der Stamm in etwa 60 cm Höhe auf die besten Seitentriebe zurückgeschnitten. Die Seitentriebe selbst schneidet man in gleicher Höhe auf 5 bis 6 Augen an. Sind sie zu schwach, schneidet man auf die Basisaugen (Beiaugen) zurück und erzieht die Leitäste aus diesen Austrieben. Dazu beläßt man gleich beim Austrieb nur die 3 bis 4 stärksten und günstigen Triebe (s. Abb. Seite 64). Die Leitäste kann man in etwa 1 m Ab-

**Oben: Pflanz-
schnitt beim
Pfirsich (Hohl-
krone). Unten:
Aufbau einer
Pfirsich-Hohlkrone.
1 = Schnitt am**

**Ende des 2.
Standjahres,
2 = am Ende des
3. Standjahres,
3 = am Ende des
4. Standjahres,
4 = fertige Krone.**

stand vom Stamm vergabeln lassen oder
man erzieht an der Leitastunterseite bzw.
seitlich angesetzt Nebenleitäste. Ansonsten muß man immer darauf achten, zu
hohe Äste abzuleiten und Steher zu entfernen oder tiefzubinden. Tiefgebundene
Zweige werden nach der Ernte entfernt.
Die Fruchtholzerneuerung ist bei kei-
ner Obstart so wichtig wie beim Pfirsich
(s. Abb. Seite 66).
Der Pfirsichbaum bildet verschiedene
Triebe aus, die auch unterschiedlich zu
behandeln sind:

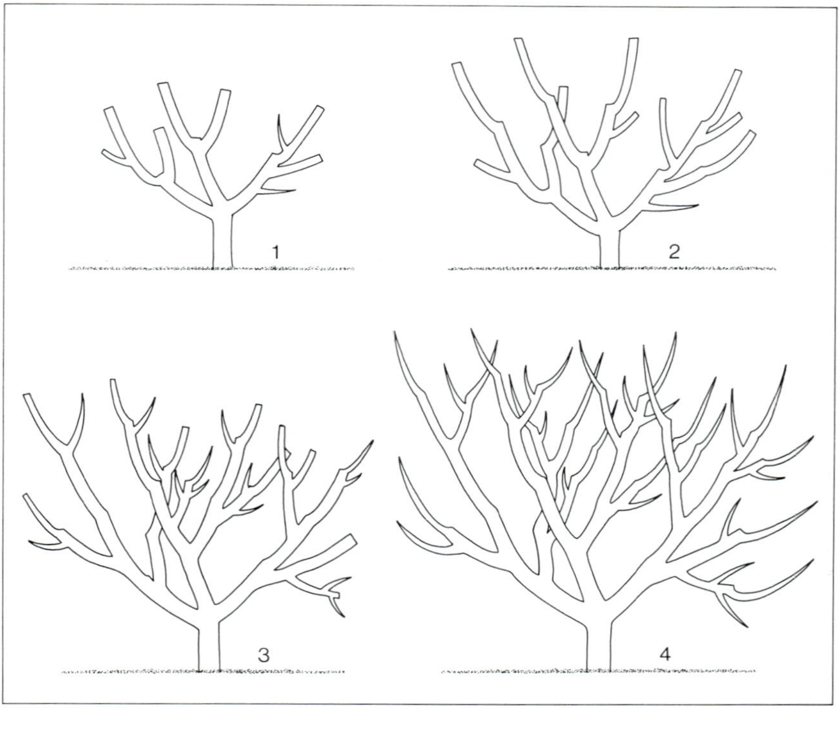

Oben: Pfirsichtriebe und Schnitt. Von links: Schlechter Fruchttrieb, überwiegend Blütenknospen. Austrieb ohne Schnitt, Trieb verkümmert. Guter Fruchttrieb mit Blatt- und Blütenknospen. Austrieb des ersten Triebes nach Anschnitt auf basale Triebknospen; Striche bedeuten Schnitt im nächsten Jahr. Vorzeitiger Seitentrieb und Rückschnitt. Bukettzweig bleibt stets ungeschnitten. Unten: So sehen »wahre« Fruchtzweige bei Pfirsich aus.

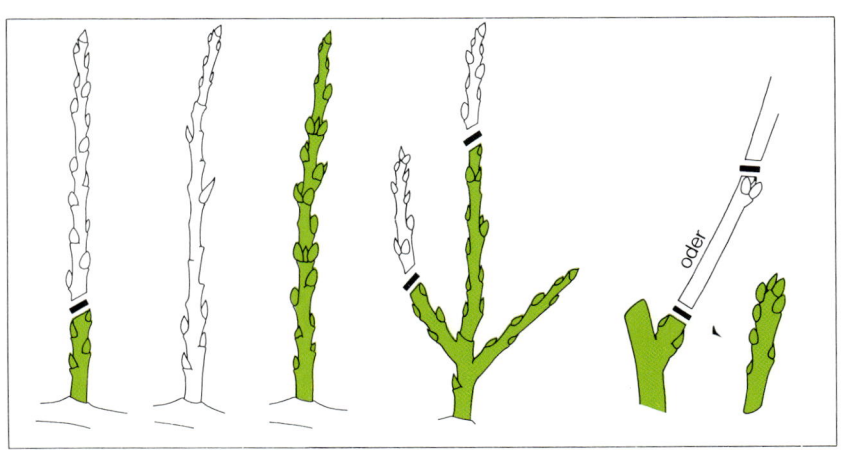

Gute oder »wahre« Fruchttriebe.

Diese tragen neben den Blattknospen auch an ihrer ganzen Länge bzw. in den beiden oberen Dritteln Blütenknospen, wobei meist zwei Blütenknospen links und rechts einer Blattknospe stehen. Dies sind die wichtigsten Triebe, sie bauen die Krone auf und bringen die schönsten Früchte (s. Abb. rechts).

Schlechte oder »falsche« Fruchttriebe.

Es sind dies schwache, dünne Triebe mit 1 bis 2 Blattknospen an der Basis und meist nur einer, endständigen Triebknospe. Entlang des Triebes stehen nur Blütenknospen. Vergreiste Äste oder Bäume weisen oft nur mehr solche schlechten Fruchttriebe auf. Ebenso gibt es schwache Triebe, die nur Blattknospen tragen, mit eventuell 1 bis 3 Blütenknospen an der Spitze.

Bukettriebe.

Dies sind kurze Spieße mit mehreren Blütenknospen um die zen-

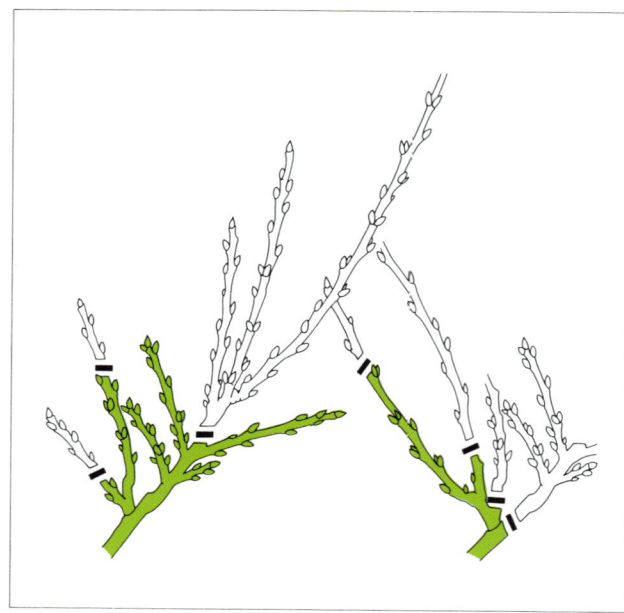

Fruchtholz-
erneuerung bei
Pfirsich durch
Wechselschnitt.

trale Triebknospe. Bukettriebe bleiben
stets unbeschnitten.

Es gibt grundsätzlich zwei Auffassungen zum Pfirsichschnitt, den strengen
(kurzen) und den langen Fruchtholzschnitt. Beim strengen (kurzen) Fruchtholzschnitt werden alljährlich die guten
Fruchttriebe auf 3 bis 4 Augen eingekürzt, die schlechten entfernt oder auf
die Basisaugen zurückgenommen. Die
guten Fruchttriebe lichtet man natürlich aus, wenn sie zu dicht stehen. Dabei trachtet man immer, auf stammnähe-
res Fruchtholz zurückzuverjüngen. Dieser Schnitt ergibt gedrungene, eher
niedere Kronen, allerdings bei ungeheu-
rem Schnittaufwand (s. Abb. Seite 65).
Der lange Fruchtholzschnitt, wie er z. B.
in Ungarn praktiziert wird, beläßt die
guten Fruchttriebe erheblich länger; sie
werden nur etwa auf die Hälfte eingekürzt. Die schlechten Fruchttriebe bleiben unbehandelt, man muß aber die
Früchte ausdünnen, da sich mehrere

Früchte an diesen schwachen Trieben
nicht optimal entwickeln können. Diese
»Plantagenmethode« bringt frühere und
höhere Ernten bei verhältnismäßig wenig Schnittarbeit. Die Bäume müssen
aber viel früher und öfter verjüngt werden, d. h., auf starke, tieferstehende
Triebe oder auf mesotone Austriebe zurückgenommen werden. Dies ist die na-
türlichere Methode, wenngleich beide
Möglichkeiten zum Ziel führen (s. Abb.
Seite 65, 67).

Der »Winterschnitt« wird beim Pfirsich
schon im Spätsommer gleich nach der
Ernte durchgeführt oder erst im späteren Frühjahr vor dem Austrieb. Das
Auslichten überflüssiger oder zu starker Jungtriebe in der Krone geschieht
schon früh, wenn die Triebe noch
weich und krautig sind. Gute Wundbehandlung ist oberstes Gebot! Die bei
der Aprikose erwähnte Valsa-Krank-
heit kann auch beim Pfirsich verhee-
rende Folgen haben.

Oben: Pfirsich- **Pfirsichzweig nach**
zweig vor dem **»langem« Frucht-**
Schnitt. Unten **holzschnitt.**

Nußbäume (Wal-
nuß) bilden von
Natur aus gleich-
mäßige Kronen,
so daß ein Aufbau-
schnitt entfallen
kann.

Walnuß

Wenngleich Nußbäume im Kleingarten
selten Platz finden, sei der Vollständig-
keit halber auch diese Steinobstart kurz
erläutert. Nüsse werden auch zum
»Schalenobst« gezählt, weil das grüne
Fruchtfleisch unbrauchbar ist und nur
die Kerne als »Obst« gelten. Zur Pflanzung nehmen wir nur veredelte Nußbäume. Nur bei diesen ist die Qualität
der Nüsse garantiert. Beliebt sind Veredlungen auf Schwarznuß, weil diese früher fruchten und in ihren Kronenausma-
ßen zumeist kleiner bleiben als Veredlungen auf Walnußsämlinge. Allerdings
verlangt die Schwarznuß feuchtere Böden. Der junge Heister wird etwa 3 bis
4 Augen über der gewünschten Stammhöhe (1 bis 1,5 m) angeschnitten. Vorzeitige Seitentriebe können zum Kronenaufbau verwendet werden. Mehrjäh-
rig gepflanzte Bäume schneidet man als
Pyramiden- oder Hohlkrone an, wobei
Triebe unter 30 cm nicht geschnitten
werden. Der weitere Kronenaufbau geschieht ohne Rückschnitt; man wird nur
korrigierend eingreifen, wenn ein Ast
das Übergewicht bekommt oder die
Krone zu dicht wird.
Nußbäume verlängern ihre Äste vorwiegend durch Unterseitenförderung, d. h.,
Knospen der Triebunterseite treiben
stark durch und übernehmen die Astverlängerung. Die Spitzenknospe ist zudem
oft eine Fruchtknospe (Nüsse sind aus-
gesprochene Spitzenträger) und kommt
daher bei mehrjährigen Bäumen für die
Verlängerung nicht in Frage.
Nußbäume bilden breite und hohe Kronen, daran ändert auch ein Ableiten
nicht viel. Solange die jungen Kronen

noch sehr starke und lange Neutriebe
bilden, können diese alljährlich um etwa
$\frac{1}{3}$ eingekürzt werden. Duhan (Wien)
empfiehlt sogar einen richtigen Aufbauschnitt der Krone wie beim Apfelbaum.
Dies scheint jedoch kaum notwendig,
weil Nußbäume auch von Natur aus
gleichmäßige Kronen bilden. Auslichten
ist allerdings auch bei Nüssen wichtig.
Alle Schnittmaßnahmen führt man am
besten im Juli–August durch, spätestens
gleich nach der Ernte – keinesfalls aber
zur Zeit der größten Winterkälte! Die
markreichen, jungen Triebe wären sonst
frostgefährdet. Auch im zeitigen Frühjahr sind Nüsse nicht zu schneiden, sie
gehen schon Anfang März in Saft und
bluten dann sehr.

Beerenobst

Die Beerenobstarten sind durchwegs Sträucher, d. h. Gehölze, die sich vom Boden her oder von tieferstehenden Stammaustrieben laufend erneuern und verjüngen, während die alten Stämme vergreisen und absterben. Der Winterschnitt gestaltet sich daher viel einfacher als beim Baumobst.

Rote und Weiße Johannisbeeren

Bei dieser wohl häufigsten Beerenobstart sind Rote bzw. Weiße und Schwarze Johannisbeeren zu trennen, weil sie unterschiedliche Wuchseigenschaften zeigen.

Wir pflanzen 3- bis 5triebige Setzlinge, deren Triebe stark eingekürzt werden; weitere Triebe werden am Boden weggeschnitten. Die Sträucher werden 10 cm tiefer gepflanzt, um die basalen Austriebe zu begünstigen. Später läßt man weitere, starke Bodentriebe heranwachsen, so daß der fertige Strauch 7 bis 8 starke Stämmchen aufweist. Alle übrigen Bodentriebe werden entfernt.

Der Verlängerungstrieb wird bei starkwachsenden Sorten jeweils um die Hälfte eingekürzt. Auch sollten alljährlich die Seitenzweige auf 3 bis 5 Knospen zurückgenommen werden. Die Roten Johannisbeeren bilden ihre Blüten am 2-und mehrjährigen Holz, d. h. an Kurztrieben und Bukettzweigen sowie oft an der Spitze von Langtrieben. Diese Spitzenknospen werden beim Rückschnitt entfernt.

Ab dem 4. oder 5. Standjahr beginnt man, die ältesten Stämme (an ihrer schwarzen Rinde leicht zu erkennen) am Boden oder oberhalb starker Stamm-

Johannisbeere 'Jonkheer van Tets'.

austriebe zu entfernen. Die alten Stämme lassen im Trieb nach und bringen kleine Beeren an kurzen Trauben. Als Ersatz werden immer wieder Stammaustriebe oder Bodentriebe nachgezogen. Alle dünnen und schwachen Bodentriebe werden laufend entfernt, ebenso alle überzähligen, damit die Zahl von 8 bis maximal 10 Stämmen nicht überschritten wird.

Rote Johannisbeeren können auch als Hecke am Drahtgerüst erzogen werden. Dazu verteilt man die 3 bis 5 Jungtriebe bei der Pflanzung gleichmäßig am untersten Draht und schneidet sie leicht zurück. Der Fruchtholzschnitt sowie die laufende Verjüngung der Stämmchen ge-

**Geschnittene
Heckenanlage
mit Schwarzen
Johannisbeeren**

schehen wie oben beschrieben. Die
Sträucher pflanzen wir auf 1 bis 1,2 m
in der Reihe und entfernen laufend alle
zu weit aus dem Rahmen herausragenden Zweige.

Halb- und Hochstämmchen

Im Kleingarten sind Stammbäumchen
von Johannisbeeren sehr beliebt. Die
Stämmchen sind dabei 40 bis 50 cm oder
80 bis 90 cm hoch. Die Unterlage bildet
die Goldjohannisbeere *(Ribes aureum)*,
alle späteren Bodentriebe sind als »Wildlinge« daher zu entfernen. Vor der Pflanzung wird bereits ein dauerhafter Pfahl
eingeschlagen, der durch die Krone hin-

durchgeht und an dem der Stamm, die
Veredlungsstelle und später der »Mitteltrieb« angebunden werden.
Kronenbäumchen werden wie kleine Pyramiden erzogen, mit Mitteltrieb und 4
bis 5 Leittrieben. Die Verlängerungen
werden alljährlich stärker angeschnitten als bei Sträuchern, um die ohnedies
schwächere Triebkraft zu fördern. Das
seitliche Fruchtholz schneidet man auf
3 Augen. Da keine Erneuerungstriebe
aus dem Boden kommen können, müssen die Stämmchen ab dem 4. Jahr laufend durch basale, starke Austriebe über
der Veredlungsstelle ersetzt werden. Alle
schwachen und die Gesamtzahl von
6 Hauptästen übersteigende Anzahl von

70

**Brombeerhecke,
Sorte 'Black Satin'.**

Basistrieben werden laufend entfernt. Muß der Mittelstamm wegen Überalterung ersetzt werden, wird die Krone an anderen, starken Leittrieben an den Pfahl gebunden. Das Baumband ist alljährlich zu kontrollieren und eventuell zu ersetzen, die Kronen brechen sonst bei Sturm und Fruchtbehang leicht ab.

Schwarze Johannisbeeren

Schwarze Johannisbeeren wachsen ganz anders als die Roten. Die Stämme sind steifer, die Blüten bilden sich an den 1jährigen Langtrieben sowie an kurzen Fruchtsprossen am älteren Holz.

Nach dem Pflanzschnitt werden die Triebverlängerungen daher nicht mehr geschnitten. Sie fruchten oft an allen Knospen und bilden auch ohne Rückschnitt genug Kurztriebe. Wichtig ist das laufende Auslichten der Bodentriebe und der schwachen, hängenden Seitentriebe. Da sich die Schwarzen Johannisbeeren weniger dicht verzweigen, kann der fertige Strauch 7 bis 10 Stämme aufweisen.

Wie bei den Roten Johannisbeeren werden auch hier 4- bis 6jährige Stämme laufend auf tiefer stehende, kräftige Seitentriebe oder, wenn diese fehlen, bis zum Boden zurückgeschnitten. Sie werden ersetzt, indem man jährlich 1 bis 2

Ein längerer
Schnitt der Leitast-
verlängerungen
bringt bei Stachel-
beeren mehr
Früchte ('Rote
Triumph').

Rechte Seite, der Ruten garantiert
oben: Nur ein gesunde Pflanzen.
lockerer, nicht Unten: Die Himbeer-
zu dichter Stand sorte 'Zeva 2'.

kräftige Bodentriebe neu aufzieht. Diese kürzt man nach dem 1. Jahr, wenn sie sehr lang sind, bis zur Hälfte ein. Alle Stämme und Äste, die im Trieb nachlassen, werden sofort nach der Ernte bis auf kräftige, tiefere Austriebe zurückgenommen. Ebenso alle zu hoch gewordenen Stämme. Altes, triebschwaches Holz bringt nur kleine Beeren und kurze Trauben.

Auch Schwarze Johannisbeeren können am Drahtrahmen erzogen werden, obwohl dabei kein Vorteil zu sehen ist. Stammbäumchen sind möglich, ebenfalls aber ohne Vorteil und Bedeutung.

Stachelbeeren

Liebhaber von Stachelbeeren klagen immer über das dornige Zweiggewirr und das schwierige »In-Form-halten« der

Sträucher. Darum sollten Stachelbeeren im Kleingarten stets als Kronenbäumchen erzogen werden. Die Krone kann dann nicht verunkrauten und ist auch bei Schnitt und Ernte viel leichter zu behandeln.

Stachelbeersträucher sind ähnlich zu erziehen und aufzubauen wie die (mit ihnen verwandten) Roten Johannisbeeren. Beim Pflanzschnitt kürzt man die Triebe auf 20 bis 30 cm ein. Der fertige Strauch sollte nicht mehr als 7 bis 8 Stämmchen haben und eine flach-pyramidale Krone aufweisen. Zu dichte Sträucher verkahlen innen und bilden kaum gute Bodentriebe. Diese werden aber später benötigt, wenn man die älteren, im Trieb nachlassenden Stämme ersetzen muß. Das Grundübel bei den Stachelbeeren sind zu dichte und dann schwer zu pflegende Sträucher. Also laufendes Auslichten, auch der Bodentriebe!

Die Leitastverlängerungen kürzt man alljährlich um $\frac{1}{3}$ ihrer Länge ein, die Seitentriebe auf 3 bis 7 Augen. Längerer Schnitt bringt mehr Früchte, kürzerer Schnitt bringt größere Früchte. Vorzeitige Seitentriebe werden nicht geschnitten, sie tragen immer Blüten. Im Trieb nachlassende, überhängende Zweige verjüngt man an guten, oberen Austrieben. Mehltau-befallene (braunrostige) Triebspitzen werden immer entfernt.

Flache Hecken am Drahtgerüst kann man auch bei Stachelbeeren erziehen, wobei die Verlängerungstriebe schwächer, später auch gar nicht mehr angeschnitten werden müssen. Sonst bleibt der Schnitt gleich.

Stammkronen wachsen, wie auch bei den Johannisbeeren, schwächer als Sträucher. Sie sind deshalb unbedingt

laufend zu verjüngen, daß sie gut in Trieb bleiben, wobei die älteren, schon triebschwächeren Zweige auf kräftige Austriebe zurückgeschnitten werden. Man bekommt auch bei Stachelbeeren Halb- und Hochstämmchen. Die Kronen sind so zu pflegen wie bei den Roten Johannisbeeren (s. Seite 69).

Himbeeren

Himbeeren und Brombeeren nehmen unter den Obstgehölzen eine Sonderstellung ein. Es sind Halbsträucher, de-

ren Ruten im ersten Jahr wachsen, im zweiten Jahr blühen, fruchten und dann absterben. Der Schnitt dieser Sträucher ist dementsprechend einfach.
Die frisch gepflanzten Ruten werden auf 50 cm eingekürzt. Die aus dem Wurzelstock kommenden Jungtriebe bindet man am besten an einem Drahtrahmen auf. Im Herbst werden die alten Pflanzruten am Boden weggeschnitten, die neuen Triebe bleiben unbeschnitten; sie werden in nächsten Jahr blühen und die erste Ernte bringen. Während im Frühjahr wieder neue Triebe aus dem Boden sprießen, schneidet man die alten nach der Ernte am Boden weg.
In der Reihe beläßt man nicht mehr als 10 bis 12 Ruten je laufenden Meter. Alle übrigen, vor allem die schwachen und außerhalb der Reihe sprießenden Triebe sind schon in jungem Zustand auszureißen. Es hat sich gezeigt, daß ein Zurückschneiden langer, einjähriger Ruten, wenn sie zu weit über den obersten Draht hinausreichen, im Frühjhar vorteilhaft ist. Man erntet größere Früchte, als wenn man die langen Triebe bogenförmig herunterbindet. So tragen sie zwar mehr, aber kleinere Beeren.
Zweimal tragende Himbeersorten setzen an den Spitzen der neuen Ruten schon im gleichen Herbst Früchte an, die tieferen Partien blühen erst im 2. Jahr. Hier schneidet man ebenso die abgetragenen Ruten im Sommer am Boden weg und im Frühjahr die bereits abgetragenen Spitzen der einjährigen Triebe. Will man jedoch nur die Herbst-Ernteperiode ausnützen, schneidet man im Winter alle Ruten am Boden weg – die neuen Triebe kommen dann kräftiger hervor (z. B. 'Zeva Herbsternte'). Sollte ein Früh-

jahrsfrost die jungen Bodentriebe schädigen, schneidet man sie am Boden weg. Es kommen bald neue Triebe, die noch gut heranwachsen und ausreifen.
Als Unterstützung für Himbeerhecken hat sich das Verspannen von 2 Drahtpaaren in 80 und 140 cm Höhe bewährt. Die Ruten werden in die Drahtpaare gesteckt, durch Zusammenziehen des oberen Drahtpaares kann man die Ruten fixieren. Als Pflanzabstand wählt man 50 cm.

Brombeeren

Brombeeren wachsen viel stärker als Himbeeren. Man wählt daher einen Pflanzabstand von 3 bis 4 m in der Reihe. Auch hier bewährt sich ein Drahtgerüst mit 3 Spanndrähten in 60, 120 und 180 cm Höhe.
Der frisch gepflanzte Setzling bleibt unbeschnitten. Aus den Wurzelknospen treiben im ersten Jahr 1 bis 3 neue Ruten, die gut verteilt an den Drähten befestigt werden. Vorzeitige Triebe aus den Blattachseln werden im Sommer, wenn sie 30 cm lang sind, auf 2 bis 3 Augen eingekürzt. Im 2. Jahr sollten mehr Bodentriebe kommen, die man am Drahtgerüst verteilt. Vorzeitige Geiztriebe werden ab Juni auf 4 bis 5 Blätter eingekürzt. Die Triebe aus dem 1. Standjahr bringen nun die erste »Kostprobe« an Früchten. Im Spätwinter werden sie am Boden weggeschnitten. Man schneidet auch im Spätwinter die im Sommer eingekürzten Geiztriebe auf 1 bis 3 Augen zurück. Die Hauptruten selbst braucht man nur einzukürzen, wenn sie zurückgetrocknet oder zu lang sind.

74

In den Folgejahren wiederholt sich dieser Schnitt. Insgesamt sollen 4 bis 6 starke Ruten je Pflanze verbleiben, die übrigen Bodentriebe werden entfernt. Die Geiztriebe an den neuen Ruten kürzt man im Sommer wieder auf 4 bis 5 Blätter ein, im darauffolgenden Frühjahr werden sie auf 1 bis 3 Augen nachgeschnitten. Sie bringen die nächste Ernte. Die abgetragenen Ruten schneidet man im Herbst am Boden ab, beläßt sie aber als Frostschutz für die neuen Ruten mit den Blättern im Drahtgerüst. Im kommenden Frühjahr werden die alten, abgetragenen Triebe zerstückelt und aus dem Drahtrahmen herausgeholt.
Brombeeren können auch aufrecht erzogen werden (System Weinsberg). Man pflanzt die Sträucher auf 1,5 m in der Reihe und erzieht die Ruten senkrecht am Drahtgerüst wie die Himbeeren. Über dem höchsten Draht (1,8 m) schneidet man die Ruten ab. Behandlung der Geiztriebe wie oben beschrieben.
Von den dornenlosen Sorten haben sich 'Thornfree' und 'Black Satin', neuerdings auch 'Jumbo' und 'Nancy' bewährt. Nicht zu empfehlen ist 'Thornless Evergreen', da bei ihr wieder Wurzelaustriebe mit Dornenbesatz erscheinen und die Früchte eher klein und säuerlich sind. Von den bestachelten Sorten ist 'Theodor Reimers' die am reichsten tragende und qualitativ beste.

Heidelbeeren

Kulturheidelbeeren gewinnen für den Kleingarten immer mehr an Bedeutung, zumal man sich leicht ein »Moorbeet« mit saurer Erde herstellen kann. Die Gartensorten sind mit unserer Waldheidelbeere verwandt, entstammen aber der großstrauchigen Art *Vaccinium corymbosum*. Die Sträucher erreichen bis zu 2 m Höhe, der Ertrag ist sehr hoch. Die Beeren haben aber einen farblosen Saft. Die jungen Sträucher brauchen anfangs nicht geschnitten zu werden. Ab dem 3. oder 4. Standjahr behandelt man sie ähnlich wie die Schwarzen Johannisbeeren, indem man schwächere, im Trieb nachlassende Stämme auf starke, junge Austriebe zurücksetzt. Da sich die Blütentrauben an der Spitze der 1jährigen Triebe bilden, werden diese niemals zurückgeschnitten! Laufende Fruchtholzerneuerung ist aber notwendig. Die erwachsenen Sträucher sollten nicht mehr als 6 bis 8 kräftige Stämmchen haben.

Holunder

Der hohe, gesundheitliche Wert und die hohe Färbekraft der schwarzen Holunderbeeren haben die Nachfrage nach diesem Großstrauch für den Garten belebt, besonders seit Strauß und Novak (Klosterneuburg) nach langjähriger Versuchsarbeit großfrüchtige und ertragreiche Selektionen ('Haschberg', 'Donau') in den Handel gebracht haben.
Die Bäume werden am besten als Meterstämme erzogen und erhalten einen starken Baumpfahl. Die jungen Kronentriebe werden auf 2 Augenpaare zurückgeschnitten. Im Sommer entfernt man alle Austriebe am Stamm und an der Stammbasis. Im Spätherbst lichtet man die neuen Kronentriebe aus, so daß nur

Unten: Schnitt   2 = Stammerzie-
der Jungreben.   hung, 3 = Kordon-
1 = Pflanzschnitt,   bildung.

etwa 7 kräftige, aufrechte Ruten verbleiben. Im 2. Jahr entwickeln sich an diesen Ruten bereits Blütendolden und sie biegen sich durch die Fruchtlast bogenförmig herab. An der Basis der Fruchtäste entstehen im Kroneninneren neue, kräftige Triebe.

Nach der Ernte werden die alten Fruchtäste bis zu den neuen, basalen Austrieben zurückgeschnitten und die neuen Ruten wieder auf die stärksten und aufrechtstehenden ausgelichtet. Bei zuwenig Neutrieben können auch abgetragene Äste noch ein Jahr stehen bleiben, wenn man sie bis zu stärkeren Seitentrieben zurücknimmt.

Ältere Baumkronen dürfen aus 15 bis 25 kräftigen Neutrieben bestehen. Darüberhinaus werden alle Ruten wie auch alle abgeernteten Zweige, entfernt. Der Wegschnitt der Fruchtäste kann auch schon bei der Ernte erfolgen, indem man die ganzen Fruchtbögen herunterschneidet und erst am Boden aberntet.

Durch dieses Zweiphasen-System des Schnittes bleibt die Krone immer in Grenzen und stark im Trieb. Es garantiert zudem immer große, volle Fruchtdolden.

Weinreben

Im Kleingarten fehlt auch selten ein Weinstock, sofern das Klima es erlaubt. Wir erziehen diesen als Wandspalier oder als Laube. Die Stammhöhe richtet sich nach unseren Gegebenheiten und sollte 40 bis 80 cm betragen.

Bei der Pflanzung wird die Rebe auf zwei Augen zurückgeschnitten und mit lockerer Erde überhäufelt. Nach dem Durchtrieb beläßt man nur den stärkeren Trieb und leitet diesen an einem Stecken auf. Im 2. Jahr schneidet man die Stammhöhe an und bildet aus den beiden obersten Austrieben die Schenkel des Kordons. Dazu heftet man die Triebe links und rechts schräg aufwärts an, da beim

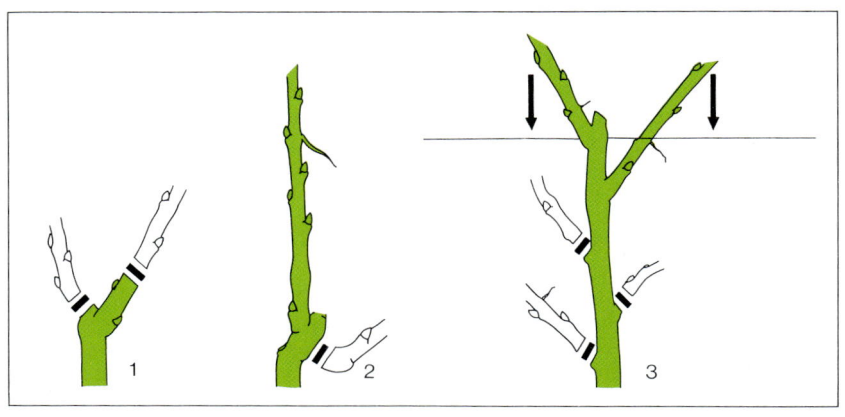

Rechte Seite:
Schnitt der Wein-
rebe. 1 = Anschnitt
des Kordonarmes,
2 = Zapfenschnitt,
3 = Wechselschnitt
der Zapfen.

Doppeltriebe wer-
den im Frühjahr
ausgebrochen.

Waagrechtbinden die jungen Triebe leicht brechen. die übrigen Neutriebe werden ausgebrochen (s. Abb. Seite 77). Hat sich das Stämmchen im ersten Jahr stark entwickelt, kann es im 2. Jahr auch schon länger belassen werden und als Kordonarm am untersten Draht mit 4 bis 6 Augen waagrecht gebunden werden. Den 2. Kordonarm erzieht man dann aus einem Geiztrieb unterhalb der Biegungsstelle und heftet ihn nach dem Verholzen ebenfalls waagrecht, nach der anderen Seite. Ist das Stämmchen aber im ersten Jahr sehr schwach geblieben, schneidet man es stärker zurück und erzielt erst im 2. Jahr die gewünschte Stammhöhe. Dann behandelt man den Stock, wie oben beschrieben.

Im 3. Jahr kürzt man die beiden Schenkel auf 4 bis 6 Augen ein und bindet sie waagrecht. Konnten die beiden Kordonarme, wie oben beschrieben, schon im 2. Jahr erzogen werden, überspringt man ein Jahr. Nach dem Austrieb beläßt man wieder nur die besten Triebe, die zumeist schon Blüten ansetzen, und jätet alle schwachen und stammbürtigen Triebe aus. Die Weinreben blühen in der Regel nur an Jungtrieben aus dem 1jährigen Holz, das aus 2jährigem Holz entsprang! Stammbürtige oder »Hirntriebe« blühen fast nie.

Im 4. Jahr wird der Spitzentrieb zum Aufbau der Hecke oder des Spaliers länger belassen, etwa 6 bis 8 Augen, und in die gewünschte Lage geheftet, am besten waagrecht. Von den übrigen Austrieben werden die schwachen ganz entfernt oder auf ein Auge geschnitten, die starken schneidet man auf Zapfen, d. h.

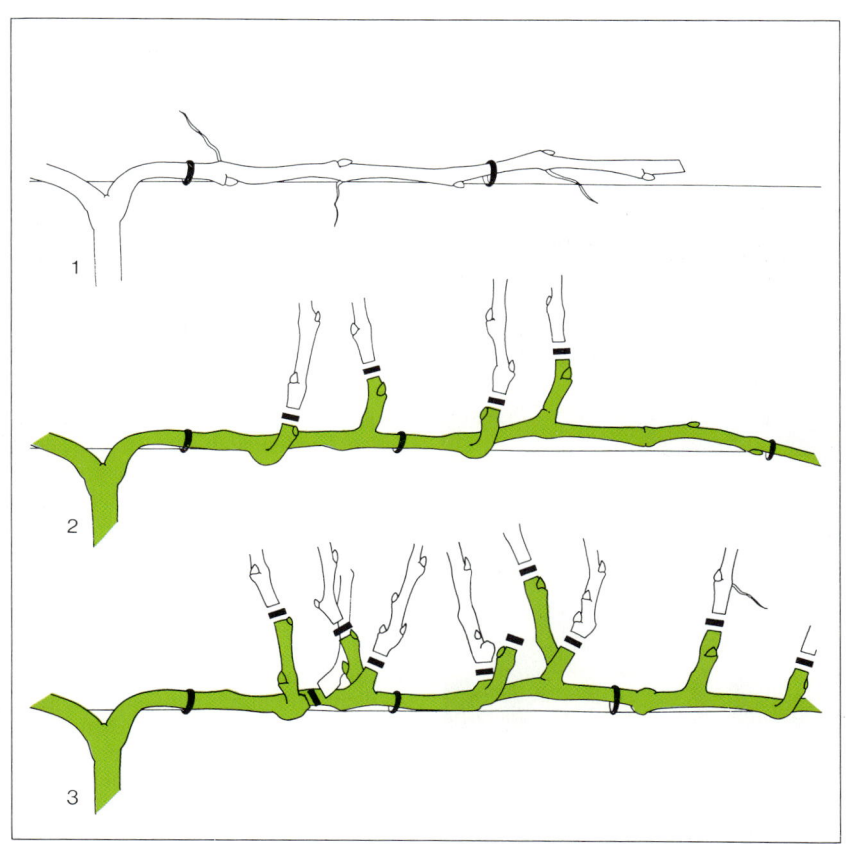

auf 2 gut entwickelte Augen, die schwachen Basisaugen (»Kotaugen«) nicht gerechnet. Daraufhin wird der Langtrieb vor allem im Spitzenbereich durchtreiben, die Zapfen werden je 2 neue Triebe bringen. Alle schwachen Triebe bricht man wieder aus.

Im 5. Jahr beginnt der eigentliche Wechselschnitt, der weiterhin beibehalten wird. Nun schneidet man von den beiden Ruten an den Zapfen jeweils die obere weg, die untere, also näher beim Stamm stehende, wieder auf 2 Augen. Bei Sorten, die besser am längeren Holz tragen, wie 'Gutedel', 'Perle von Czaba',

'Königin der Weingärten' u.a., beläßt man dem Zapfen auch 3 bis 4 Augen. Von den Spitzentrieben des Verlängerungstriebes wird wieder der stärkste (meist der Gipfeltrieb) zum Weiterbau des Spaliers auf 6 bis 8 Augen eingekürzt, die anderen guten Triebe werden die neuen Zapfen, deren Austriebe im Jahr darauf bis auf einen starken, stammnahen Trieb entfernt werden. Dieser wird dann wieder der neue Zapfen. So baut sich das Spalier auf und erhält immer mehr Zapfen, die zeitlebens dem Wechselschnitt unterliegen (s. Abb. Seite 79).

Treibt einmal ein Zapfen nur schwach aus, läßt man in der Nähe einen starken Austrieb aus dem Kordonarm stehen und schneidet ihn im Jahr darauf als neuen Zapfen an, während der schwache mit all seinen Ruten entfernt wird. Also auch hier Fruchtholzverjüngung, wenn es notwendig erscheint!

An starkwüchsigen Reben kann anstelle einiger Zapfen auch ein »Strecker« mit 8 bis 10 Augen belassen werden, er muß jedoch dann tief herabgebunden werden. Die austreibenden Augen werden fruchten. Oben, an der Biegungsstelle leitet man den besten Trieb auf, der im nächsten Jahr als neuer Strecker herabgebunden wird. Der gesamte, alte Strecker wird dann weggeschnitten.

Wichtig ist bei der Weinrebe, daß sie nie zu dicht und durch ein Gewirr schwacher und unfruchtbarer Ruten geschwächt wird. Aber auch die starken Triebe müssen in Grenzen gehalten werden, wenngleich die Versuchung groß ist, alle starken Ruten anzuschneiden. Die Folge wäre eine baldige Erschöpfung des Weinstockes, ein Nachlassen der Triebkraft und die Ausbildung kleiner Trauben.

Ziergehölze

Wie schon eingangs erwähnt, sollen Ziergehölze, um den natürlichen, oft anmutigen Kronenaufbau nicht zu zerstören,nur, wenn unbedingt notwendig, geschnitten werden. Diese Schnittmaßnahmen verlangen daher ein gewisses Einfühlungsvermögen in das Leben der Gehölze. Es können niemals alle Gehölze nach dem gleichen Schema geschnitten werden. Es ist aber genauso falsch, nie zu schneiden.

Wann sind nun Schnittmaßnahmen bei Ziergehölzen notwendig, um eine optimale Entwicklung und größten Blütenreichtum zu erzielen? Neben dem Pflanzschnitt und einem gewissen Aufbauschnitt an Zierbäumen sind vor allem die natürlich auftretenden Absterbeerscheinungen an älteren Strauchteilen und Baumästen sowie durch Frost, Wind- und Schneebrüche verunzierte Äste und Triebe zu entfernen.

Weiter gibt es eine Anzahl von Sträuchern, deren Trieb- und Blühwilligkeit mit den Jahren nachläßt, während junge Stämme, die aus der Basis oder aus alten Stämmen sprießen, kräftig treiben und blühen. Hier wird man zweckmäßig das alte Holz zugunsten der kräftigen Neutriebe herausnehmen.

Ferner sind verschiedene Gehölze bei uns nicht ganz winterhart, so daß die oberen Stammteile und Zweige regelmäßig erfrieren, während die basalen Stammteile alljährlich wieder austreiben und reiche Blüte bringen. Es sind zumeist Sommerblüher, die man im Frühjahr vor dem Austrieb streng zurückschneidet (Sommerflieder, Säckelblume, Silberstrauch).

Wenn Sträucher zu groß oder unten kahl werden, kann man sie auf jüngere, kräftige Äste oder Stämme zurücksetzen (verjüngen). Ansonsten aber sollte jeder Schnitt nur eine Korrektur sein, um unschönen Wuchs zu verbessern, zu starken Wuchs zu bremsen oder die Blühwilligkeit zu steigern.

Pflanzschnitt

Sommergrüne Laubgehölze, die man in der Baumschule ohne Erdballen kauft, sind bei der Pflanzung zumeist zurückzuschneiden, um den Wurzelverlust auszugleichen und um bei Sträuchern eine tief angesetzte Verzweigung zu erzielen. Dabei werden die Obstverwandten, d. h. Zieräpfel, Zierpflaumen, Zierkirschen ebenso behandelt wie die entsprechenden Obstbäume und als regelmäßige oder unregelmäßige Pyramide erzogen. Keines Pflanzschnittes bedürfen dicktriebige Arten wie Aralien, Essigbaum oder Roßkastanien. Man vermeidet auch, Arten mit sehr großen Endknospen einzukürzen, weil diese den besten Austrieb gewährleisten (Roßkastanien, Ebereschen, Eschen, auch Eichen u. a.). Bei Fliedersträuchern bricht man die Blütenknospen aus.

Ballenpflanzen werden nicht zurückgeschnitten, höchstens ausgelichtet, es sei denn, der Ballen wäre sehr klein oder trocken (Magnolien, Zaubernuß, Scheinhasel, Seidelbast, Azaleen und viele andere). Werden Sommerblüher mit Ballen geliefert, z. B. Eibisch, Bartblume usw., sind sie trotzdem zurückzuschneiden (s. Seite 87).

Werden ältere Sträucher verpflanzt, z. B. im eigenen Garten, ist ein Rückschnitt schon wegen des großen Wurzelverlu-

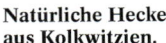
Natürliche Hecke
aus Kolkwitzien.

stes nötig; vor allem dann, wenn eine exakte Ballierung nicht möglich ist und der Wurzelballen nur mit der eben anhaftenden Erde verpflanzt wird. Man wird auslichten, durch Ableiten verjüngen, manchmal auch direkt zurückschneiden.

Immergrüne Laubgehölze und Nadelgehölze, die immer mit Ballen geliefert werden, erfahren keinerlei Pflanzschnitt!

Aufbauschnitt an Zierbäumen

Der Aufbauschnitt an Zierbäumen ist im allgemeinen identisch mit dem der Obstgehölze. Wir erziehen zumeist Rundkronen in mehr oder weniger pyramidaler Form. Die Aufbauphase ist jedoch bedeutend kürzer. Sobald der Baum ein lockeres Grundgerüst gebildet hat, soll er so natürlich als möglich weiterwachsen. Dabei kann die Krone viel dichter werden als beim Obst, denn es muß keine hohe Fruchtqualität erzeugt werden. Hauptsache ist, die Pflanzen wachsen gut und blühen schön!

Ziersträucher

Voraussetzungen

Für den Schnitt ist der Zeitpunkt der Blütenanlage und der Blüte beim jeweiligen Gehölz ausschlaggebend. Grundsätzlich unterscheiden wir zwischen Frühjahrs- und Sommerblühern. Die Frühjahrsblüher bilden ihre Blüten an der Spitze oder entlang der Vorjahrstriebe, die Sommerblüher an der Spitze oder entlang der im gleichen Jahr ge-

Oben: Blütenbildung bei Frühjahrsblühern. 1 = entlang der Vorjahrstriebe, 2 = an kurzen Neutrieben des vorjährigen Holzes, 3 = an Kurztrieben des älteren Holzes. **Unten:** Blütenbildung bei Sommerblühern. 1 = am Ende der diesjährigen Neutriebe, 2 = entlang der diesjährigen Neutriebe.

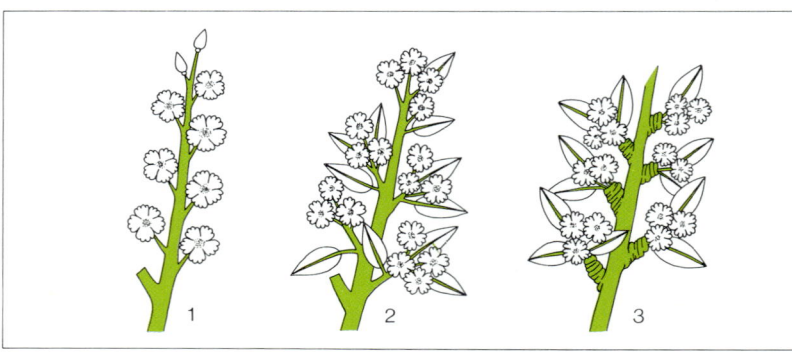

wachsenen Neutriebe. Die Frühsommerblüher blühen an kleinen, diesjährigen Kurztrieben entlang der einjährigen Ruten (s. Abb. oben, links).

Schnitt der Frühjahrsblüher

Da diese Sträucher ihre Blüten am einjährigen Holz entwickeln, dürfen wir sie natürlich nicht im Winter oder im Frühjahr vor der Blüte schneiden – wir würden so die ganze Blütenpracht vernichten! Wenn ein Schnitt nötig sein sollte, z. B. um den üppigen Wuchs zu bremsen (Goldglöckchen) oder dem raschen Vergreisen des Holzes vorzubeugen (Mandelröschen), ist dieser stets sofort nach der Blüte durchzuführen.

Forsythien. Bei Forsythien (Goldglöckchen) nimmt man die stärksten Langtriebe bis zu basalen Neutrieben zurück, schwächere Langtriebe bleiben unbeschnitten, zumal die Ruten im 2. Jahr noch viel schöner blühen. Manche Forsythiensorten blühen überhaupt erst an den Seitenzweigen der 2jährigen Ruten, die vor allem in der oberen Hälfte ungeschnittener, 1jähriger Ruten entstehen.

Oben: Rückschnitt
nach der Blüte
beim Mandel-
röschen. Mitte:
Beim Flieder

werden nur die
abgeblühten Ris-
pen entfernt.
Unten: Verjüngung
des Flieders.

stehende, schwache Augen austreiben, die bei der kurzen Wachstumsperiode des Flieders keine Blütenknospen mehr ansetzen könnten. Folglich darf man also beim Flieder nur ein paar (möglichst überflüssige) Zweige für die Vase schneiden. Ansonsten werden nur die abge-

Hier werden also erst die 2jährigen, abgeblühten Zweige auf basale Austriebe zurückgesetzt, z. B. bei 'Lynwood Gold'.

Mandelröschen (Röschenmandel, *Prunus triloba*) sollten wir alljährlich sofort nach der Blüte bis auf die untersten Neutriebe an den 1jährigen Ruten zurückschneiden. Dieser Strauch vergreist sonst sehr schnell und ist dann auch kurzlebig. Die basalen Neutriebe aber wachsen wieder zu starken Ruten heran, die sich reich mit Blütenknospen garnieren (s. Abb. oben).

Flieder. Schwierig ist der Schnitt beim Flieder. Er blüht aus den obersten Knospenpaaren der vorjährigen Triebe. Zugleich mit der Blüte entstehen jedoch knapp unterhalb der Blütenrispen die stärksten Neutriebe, die an ihren Endknospen wieder die Blütenanlagen für das nächste Jahr ausbilden. Würde man also beim Flieder nach der Blüte die Triebe zurückschneiden, würden tiefer-

Verjüngung der
Blutjohannisbeere.

blühten Rispen entfernt, ohne die darunterstehenden Neutriebe zu beschädigen. Werden die Sträucher zu groß, hilft nur ein etappenweises Verjüngen im Winter, am besten auf junge Stammaustriebe oder auf kräftige Stammknospen (s. Seite 92, Abb. Seite 85).

In den Gärtnereien werden knapp nach oder vielfach noch während der Blüte alle einjährigen Triebe bis auf kurze Stummel zurückgeschnitten. Daraufhin treiben die Basisaugen stark durch, und es entstehen trotzdem noch kräftige Blütentriebe für das nächste Jahr. Dies setzt aber offenen Boden und beste Ernährung voraus. Wichtig ist dabei, daß *alle* Triebe eingekürzt werden, weil sonst nur die unbeschnittenen neue Blütenzweige erzeugen würden, während die zurückgeschnittenen nur schwache Neutriebe ohne Blütenknospen bilden könnten.

Robinie. Ein anderer Sonderfall ist die »Rosenakazie«, *Robinia hispida*. Dieser, meist auf *Robinia pseudoacacia* veredelte Strauch hat extrem sprödes, brüchiges Holz und bringt an den langen, borstigen Ruten überreich große, schwere Blütentrauben. Bei Regenwetter werden die Zweige so schwer, daß viele brechen. Wir können nur so vorbeugen, daß wir unter Verzicht auf einen Teil der Blüten, die längeren Ruten schon vor dem Austrieb auf die Hälfte einkürzen. Wurzelechte Pflanzen sind bruchfester und bedürfen keines Schnittes.

Blutjohannisbeere. Sie ist so zu behandeln wie die Schwarze Johannisbeere (s. Seite 71). Ihre Blüten stehen an 1jähri-

gen Langtrieben und an Kurztrieben. Laufendes Zurücksetzen älterer Stämme auf kräftige Jungtriebe nach der Blüte ist notwendig (s. Abb. oben).

Blauregen. Als letzter Sonderfall sei noch der Blauregen oder die Glycine *(Wisteria)* genannt. Hier warten wir mit dem Winterschnitt solange, bis die dikken Blütenknospen deutlich zu erkennen sind. Diese stehen vorwiegend an der Basis der Langtriebe und an Kurztrieben. Wir schneiden alle Langtriebe, die nicht zum weiteren Aufbau der Krone oder der Hecke gebraucht und daher länger belassen werden, auf 2 bis 3 Augen oberhalb der letzten, basalen Blütenknospe zurück. Auf die meist wenigen, in höheren Zonen der Vorjahrstriebe stehenden Blütenknospen können wir verzichten. Im August werden die Langtriebe wieder stark eingekürzt und die Austriebe im Frühjahr bis auf den untersten weggeschnitten. Der unterste Trieb wird behandelt wie oben beschrieben. Bei dieser Schnittbehandlung können Glycinen auch als Kronenbäumchen erzogen werden.

Manche Frühjahrsblüher, die sowohl an Langtrieben als auch an Kurztrieben blühen, könnte man sogar für geschnittene

Hecken verwenden; natürlich ist dann die Blüte nicht so üppig (Goldglöckchen, Obstverwandte, s. Seite 99).

Andere Frühlingsblüher entwickeln ihre Blüten vorwiegend an 2- und mehrjährigen Kurztrieben (Zieräpfel, Zierquitten, Zierkirschen, Kornelkirsche). Man könnte, wenn nötig, die 1jährigen Ruten im Winter auf schwache, unterste Augen einkürzen oder auf blühfähige Seitenzweige ableiten. So hält man den Strauch besser »in Grenzen«.

Die allermeisten Frühlingsblüher werden jedoch überhaupt nie zurückgeschnitten, z.B. Schneebälle, Schneeglöckchenstrauch, Magnolien, Zaubernuß, Scheinhasel, Gewürzstrauch, Zierkirschen und viele andere. Man wird nur auslichten und ältere Stämme und Zweige verjüngen (s. Seite 91, 92).

Schnittmaßnahmen an Frühsommerblühern

Frühsommerblüher bilden ihre Blütenstände an kleinen Kurztrieben, die entlang der vorjährigen Ruten entstehen (Weigelie, Deutzie, Pfeifenstrauch). Wenn diese Pflanzen zurückgeschnitten werden müssen, kann das nicht mehr nach der Blüte geschehen. Der Neutrieb käme zu spät und bliebe zu schwach. Den Sträuchern würde es an Triebkraft und Blühwilligkeit mangeln. Am besten schneidet man gar nicht zurück, sondern verjüngt die Sträucher alle paar Jahre etappenweise im Winter auf starke, jüngere Seitentriebe aus den Stämmen bzw. aus der Basis.

Schnitt der Sommer- und Herbstblüher

Diese Gehölze bilden ihre Blüten an der Spitze (Sommerflieder, Rispenhortensie, Trompetenstrauch) oder entlang der diesjährigen Neutriebe aus (Syrischer Eibisch, Bartblume). Sofern es sich um Sträucher handelt (sommerblühende Bäume werden natürlich nicht zurück-

Oben links:
Sommerflieder
nach dem Schnitt.

Oben rechts:
Frühjahrsschnitt
beim Silberstrauch.

Unten:
Mandelröschen
(Prunus triloba).

geschnitten!), sind die einjährigen Ru-
tenzweige im zeitigen Frühjahr auf wenige, basale Augen zurückzuschneiden.
Je stärker der Rückschnitt durchgeführt
wird, um so kräftiger werden die neuen
Triebe kommen und um so schöner werden sie im Sommer blühen (s. Abb.
Seite 87, Abb. oben, rechts).
Oft sind wir bei diesen Gehölzen ohnehin gezwungen, die 1jährigen Ruten
stark einzukürzen, wenn sie in strengen
Wintern erfroren sind (Sommerflieder,
Säckelblume, Silberstrauch, Keuschbaum). Aber auch ohne Frostschäden
ist ein Rückschnitt günstig. Die Sträucher bleiben kompakt und werden nie
zu groß, wie das z.B. beim Sommerflieder geschehen kann. Dieser wächst nach
milden Wintern ohne Schnitt zu mächti-
gen Sträuchern heran, die im nächsten
oder übernächsten Winter doch wieder
bis zum Boden erfrieren. Wenn wir sie
dann absägen müssen, treiben sie oft
nur ungern oder schwach wieder aus.

Trompetenstrauch
vor dem Schnitt.
Unten: Der gleiche
Strauch nach
dem Schnitt.

Immergrüne Laubgehölze

Immergrüne Laubgehölze erfordern, von gelegentlichem Auslichten abgesehen, grundsätzlich keinen Schnitt. Daneben gibt es einige Ausnahmen. Beim »In-Form-Halten« zu sparrig wachsender Feuerdorn-Sträucher leitet man die langen Endtriebe auf Seitenzweige ab. Beim Schnitt von Fruchtzweigen für die Vase lichtet man die Sträucher gleich etwas aus.

Rhododendron werden verjüngt, wenn sie zu groß werden oder zu flattrig wachsen. Man kann im Spätwinter ohne weiteres ins alte Holz hineinschneiden, obwohl man kaum Knospen sieht. Zu beachten ist nur, daß der Schnitt immer über der Basis eines Jahreszuwachses ausgeführt wird, dort stehen quirlförmig viele Knospen.

Heidekrautbüsche kann man durch »Abmähen« niedrig halten, wobei man die Schneeheide *(Erica)* nach der Blüte, die Besenheide *(Calluna)* im Frühjahr stutzt. Dabei müssen immer ausreichend beblätterte, vorjährige Sproßteile übrigbleiben.

Schließlich vertragen Buchsbaum oder die immergrünenen Geißblätter wie *Lonicera pileata* und *Lonicera nitida* jeden Schnitt, sogar den strengen Heckenschnitt (s. Seite 99).

Nadelgehölze

Bei diesen Pflanzen vermeiden wir jeden Schnitt, wir würden damit nur den oft symmetrischen und wunderschönen Wuchs beeinträchtigen! Abgesehen von den streng geschnittenen Hecken aus

Bergkiefer mit gebrochenen Trieben. Im Hintergrund noch unbehandelt.

Eiben, Fichten oder Lebensbäumen (s. Seite 99) wird bei Nadelgehölzen nur ein Auslichten kranker oder abgestorbener Zweige nötig sein. Sogar das Schneiden von Zweigen für die Vase sollte unterbleiben.

Aber keine Regel ohne Ausnahmen. Hier sind die Latschen zu erwähnen, die Kriechkiefern unserer Alpen. Da diese im Garten meist zu groß werden, behilft man sich mit einem Trick: Wenn im Frühjahr die jungen Triebe (»Kerzen«) beginnen, die Nadeln zu schieben, kürzt man sie um die Hälfte oder $^2/_3$ ein. Abbrechen ist besser als schneiden, weil dadurch die obersten Nadeln nicht gestutzt werden und man später den Eingriff nicht sieht. Durch diesen Rückschnitt bilden sich die winzigen, in den Nadelscheiden angelegten Kurztriebknospen zu Triebknospen aus und es entstehen mehr Triebknospen, als am natürlichen Triebende entstanden wären. Bei alljährlicher Behandlung erzielt man so dichte Polsterpflanzen. Natürlich kann man alljährlich auch nur die stärksten Kerzen einkürzen, dann ist die Wuchsbremse eben geringer. Wichtig ist nur, daß am verbleibenden Teil der gekürzten Triebe noch Nadelansätze vorhanden sind, sonst würden die Triebe absterben (s. Abb. oben, Seite 91).

Dichte Kissen-
bildung bei der
Bergkiefer durch
jährlichen Schnitt
der Jungtriebe.

Wacholderarten, die zu breit und ausladend werden ('Pfitzeriana', 'Hetzii' oder *Juniperus procumbens*) kann man durch geschicktes Zurücknehmen der langen Zweige an Verzweigungsstellen im Zaum halten, ohne daß man es bemerkt. Niemals darf man »stutzen«. Die ganze Schönheit und Eleganz des Strauches wäre verdorben!

Erhaltungsschnitt an Bäumen und Sträuchern

Zierbäume und Sträucher, die nicht mit Blüten prunken, sind einfach durch fallweises Auslichten in Form zu halten. Bei den Blütensträuchern sollten wir mitunter für Blühholz-Verjüngung sorgen, indem, wie schon öfter erwähnt, ältere, im Trieb nachlassende Stämme und Zweige auf jüngere Austriebe zurückgenommen werden. Bei den Sträuchern ist auch darauf zu achten, daß nicht zu viele Bodentriebe ein Dickicht schaffen. Hier sind alle schwachen und überzähligen Triebe stets zu entfernen. Ebenso wird man alte, schwachtriebige Stämmchen zugunsten jüngerer ganz herausnehmen (s. Abb. Seite 92, 93). Der Erhaltungschnitt darf nie die arteigene Wuchsform zerstören! Er muß im-

Entwickeln Sträu-
cher sehr viele
Jungtriebe, werden
beim Auslich-
tungsschnitt einige
entfernt.

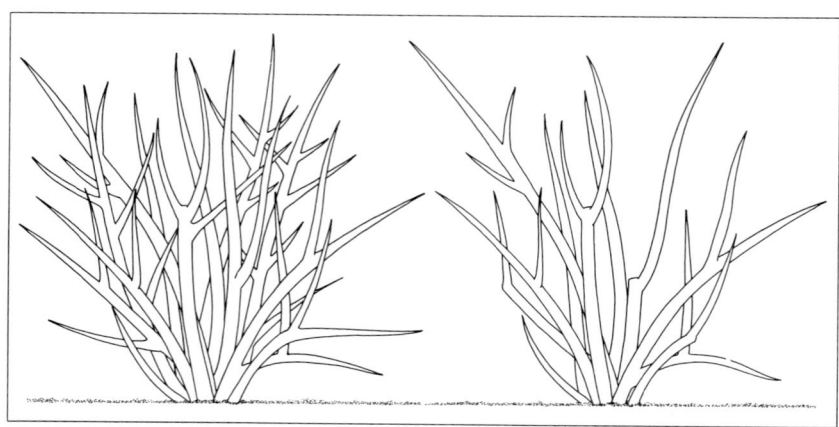

mer so ausgeführt werden, daß der Eingriff nicht sichtbar wird. Der naturge-
mäße Aufbau darf nur in der Weise
korrigiert werden, daß man totes oder
krankes Holz entfernt, zu dichte oder
sich kreuzende Äste herausnimmt oder
auch einen einseitigen, übermäßig starken Durchtrieb zurücksetzt. Wir dürfen
den natürlichen Wuchs nicht verändern
oder entstellen, sondern nur »ideali-
sieren«, d.h. mit Gefühl verbessern!
Dabei sind die Schnitte immer sauber
und auf Astring auszuführen. Es dürfen
keine Stummel bleiben, die dann
wieder »wild« durchtreiben oder zu-
rücktrocknen und Krankheiten begünstigen (s. Abb. Seite 93).

Verjüngen von Laubgehölzen

Viele Ziergehölze, die zu groß oder in
den unteren Kronenteilen kahl geworden sind, können mit Erfolg verjüngt

werden. Dies wird weniger bei Bäumen
(ausgenommen Trauerweiden), als vielmehr bei Sträuchern notwendig werden.
Verjüngungen werden immer im Winter
durchgeführt, ehe die Gehölze in Saft
gehen (s. Abb. Seite 93).
Hierbei gibt es zwei Möglichkeiten: Entweder wir kappen alle Stämme 30 bis
40 cm über dem Boden und erwarten
einen starken Durchtrieb der Stümpfe,
wobei es natürlich im Folgejahr keine
Blüten gibt. Oder wir verjüngen in Etap-
pen, verteilt auf 2 oder 3 Jahre. Das hat
den Vorteil, daß die Verjüngung weniger
auffällig ist und die Sträucher weiterhin
blühen. Es kann aber auch den Nachteil
haben, daß der Austrieb schwach bleibt,
weil die verbliebenen Stämme die ganze
Wuchskraft für sich beanspruchen. Daher müssen wir bei der etappenweisen
Verjüngung höher anschneiden, damit
der Stumpf genügend Saftzug behält.
Nicht alle Gehölze vertragen jedoch eine radikale Verjüngungskur! Goldregen,

**Oben: Schnitt der
Zierhimbeere.
Unten: Verjüngung
beim Judasbaum.
Der Stumpf muß
nachgeschnitten
werden.**

schwachen Triebe werden ganz entfernt,
die starken werden vereinzelt, falls es zu
viele sind. Dann schneiden wir die äuße-
ren Triebe auf die Hälfte zurück, die weiter innen stehenden um $\frac{1}{3}$, die innersten
bleiben unbeschnitten. So bilden wir
den Grundstock für einen wieder natürlich aufgebauten, »neuen« Strauch. Mit
etwas Einfühlungsvermögen wird das
ohne Schwierigkeiten gelingen.

Die Zierhimbeere ist wie Himbeeren zu
behandeln: Die .abgeblühten Stämmchen werden im Herbst oder Frühjahr
entfernt, die neuen Ruten bleiben unbeschnitten. Diese bringen im folgenden Jahr die Blüten.

Schneeglöckchenstrauch *(Halesia)* oder
Prachtspiere *(Exochorda)* können absterben, ohne durchzutreiben. Man darf
nur die Stämme auf tieferstehende
Stammaustriebe oder Seitenzweige
zurücknehmen.

Bei zu dichten Sträuchern, die unten
noch nicht verkahlt sind, nimmt man
nur die ältesten Stämme ganz heraus.
Bei mesoton veranlagten Gehölzen, die
also vorwiegend aus den mittleren
Stammteilen neu austreiben (z. B. Deut-
zien, Pfeifenstrauch), werden wir dort
verjüngen, wo schon starke Neutriebe
oder Knospen vorhanden sind. Ebenso
können wir beim Flieder auf vorgebil-
dete, dicke Stammknospen zurückschneiden, ohne diese zu beschädigen.
Sie garantieren immer einen guten Neuaustrieb.

Nach der Verjüngung entstehen meist
viel zu viele Neutriebe. Sie verbleiben
im ersten Jahr, sind im kommenden Winter aber entsprechend auszulichten. Alle

Eine Verjüngung kann auch bei Bäumen notwendig werden, z.B. nach Schnee- oder Windbruch, wenn sie umveredelt werden sollen oder auch, weil sie einfach zu mächtig wurden für unseren Garten. Dies kommt häufig bei Trauerweiden vor. Die Kronen sind dann in einem, der natürlichen Kronenform entprechenden Winkel »abzuwerfen«. Bei älteren Bäumen muß man einige »Zugäste« im unteren Kronenbereich stehen lassen.

Im ersten Jahr beläßt man alle Austriebe, die aufgrund der Verjüngung aus Stamm und Ästen kommen, um dem Baum genügend Blätter zur Ernährung des Stammgerüstes zu erhalten. Erst im folgenden Winter lichten wir dann aus und kürzen zu starke Triebe eventuell auch ein, immer im Hinblick auf eine künftige, der Gehölzart entsprechende Kronenform. Auch in den nächsten Jahren wird noch Verschiedenes zu korrigieren sein. Es werden Stammaustriebe zu entfernen sein, und zwar solange, bis der Baum wieder ein »vernünftiges« Aussehen hat.

Rosen

Rosen sind die weitaus bekanntesten Blütensträucher. Sie bilden ihre Blüten am Ende von diesjährigen Lang- oder Kurztrieben. Die schönsten Blütenstände entspringen dabei zumeist dem 1jährigen Holz. Deshalb sollte man, außer bei Wildrosen, altes Holz immer wieder auf kräftige, junge Ruten zurücksetzen.

Alle Rosen erhalten bei der Pflanzung einen kräftigen Rückschnitt, wobei die starken Triebe auf 3 bis 5 Augen eingekürzt, die schwachen jedoch ganz entfernt werden. Beim Schnitt beläßt man einen kleinen Stummel über dem obersten Auge, weil das weiche, markreiche Holz leicht zurücktrocknet. Rosen sind Tiefwurzler und bilden nur wenige, lange Wurzeln aus. Diese werden bei der Pflanzung ebenfalls eingekürzt (etwa auf die Hälfte) und in der Pflanzgrube gleichmäßig verteilt.

Beetrosen

Als Beetrosen bezeichnet man alle Tee-
hybriden, Polyantha- und Floribunda-
Rosen. Sie werden als kleine Sträucher
erzogen und alljährlich stark zurückgeschnitten. Verschiedene Sorten kann
man auch zu größeren Sträuchern her-
anziehen, wenn der Platz dies erlaubt.
Frostempfindliche Sorten schneidet man
immer stark zurück. Im Herbst, nach
der Blüte kann man die Triebe auf die
Hälfte einkürzen, um die Schneebruch-
gefahr zu vermindern.
Im Frühjahr, nach den letzten Frösten,
schneiden wir, nachdem Verzweigungen
und Vergabelungen ausgelichtet wurden,
alle starken Triebe auf 3 bis 8 Augen
zurück. Starke, lange Triebe läßt man
länger (8 Augen), wenn die Sträucher
größer werden dürfen, oder man kürzt
sie stärker ein (3 bis 5 Augen), wenn die
Pflanzen niedriger bleiben sollen. Auch
schwächere Triebe kürzt man stärker ein,
schwache werden ganz entfernt. Erfro-
rene oder kranke Triebe nimmt man stets

bis zu einem tieferen, gesunden Trieb
zurück (s. Abb. links).
Zwergrosen, auch Zwerg-Bengalrosen
genannt, zählen eigentlich auch zu den
Beetrosen. Ihrer Kleinheit wegen pflanzt
man immer mehrere zusammen. Wer es
genau nimmt, kann sie ebenso schneiden, wie oben beschrieben. An sich ge-
nügt es jedoch, sie wie ein »Grasbü-
schel« abzuschneiden. Alte und abgestorbene Stämmchen sollten allerdings
entfernt werden.

Kronenbäumchen

Hochstammrosen wurden in Kronen-
höhe mit der Edelsorte veredelt. Alle
Stamm- und Bodentriebe sind daher
»Wildlinge« und müssen entfernt werden. Die Kronentriebe sind ebenso zu
schneiden wie bei den Beetrosen, allerdings mit kurzem Schnitt.
Die Kronenbäumchen werden oft im
Herbst auf den Boden herabgebogen und
als Frostschutz mit Reisig und Erde be-
schwert. Dabei brechen leider manchmal die Stämme, besonders wenn sie
schon älter sind. Eine andere Möglichkeit wäre, die Kronen im Spätherbst vor-
erst schwächer einzukürzen und mit
Holzwolle und festem Packpapier einzu-
packen. Im Frühjahr werden alle frostge-
schädigten Zweige entfernt und die
Triebe nachgeschnitten.

Kletterrosen

Diese gewöhnlich sehr starktriebigen
Sträucher werden an einem Spalierge-
rüst erzogen. So sind sie auch am besten

Schnitt der Kletterrosen.

zu pflegen, denn der Schnitt dieser Rosen ist immer eine sehr »verletzende« Angelegenheit und nur mit festen Lederhandschuhen ratsam!

Trotzdem ist der Schnitt eigentlich sehr einfach, wenn wir uns einprägen, daß die schönsten Blütensträuße immer aus den starken, vorjährigen Ruten kommen. Diese bleiben daher weitgehend erhalten, sie werden nur eingekürzt, wenn sie zu lang sind oder Frostschäden aufweisen.

Die seitlichen, reichblühenden Triebe, die aus diesen langen Ruten entspringen, kürzt man im folgenden Frühjahr auf wenige Augen ein; sie blühen dann noch einmal gut. Ab dem 3. oder 4. Jahr aber vergreisen die Verzweigungen zusehends. Man kann sie nun am Stamm wegschneiden und hoffen, daß Beiaugen austreiben, oder, was besser ist und die Sträucher lichter hält, man verjüngt die Stämme auf tieferstehende, starke Austriebe zurück. Ältere Stämme, die nicht mehr durchtreiben, werden am Boden weggeschnitten. Dafür zieht man neue, starke Basaltriebe als Stämme auf (s. Abb. oben).

Wichtig ist, immer vorwiegend starke, junge Ruten zu haben, dann ist der Blütenflor gesichert. Auf diese Weise kommt man auch mit der Schnittarbeit am besten zurecht. Es gibt schließlich keine größere Strafe als eine alte, ungeschnittene Kletterrose auslichten und verjüngen zu müssen.

Eine Ausnahme bei den Kletterrosen bilden die »Climbing«-Sorten. Das sind Mutationen verschiedener Beetrosen mit langen »Klettertrieben«. Sie blühen am besten am 2- und mehrjährigen Holz, daher darf man nicht zu stark verjüngen, um immer Triebe verschiedenen Alters zu haben. Vergreisende Stämme setzt man natürlich auch hier auf jüngere Zweige zurück.

Wie bei dieser wilden Heckenrose garantieren bei allen Kletterrosen die kräftigen Neutriebe den besten Blütenansatz im kommenden Jahr.

Strauch- und Wildrosen

Bei diesen Sträuchern, die zumeist viel Platz beanspruchen und daher nur im größeren Garten Platz finden, wird sehr wenig geschnitten. Man lichtet nur totes Holz aus und schneidet von Fall zu Fall die ältesten Stämme am Boden heraus.

Bei dauerblühenden Arten kann aber auch ein ähnlicher Schnitt wie bei den Beetrosen durchgeführt werden. Man beläßt die Triebe länger, je nach Stärke mit etwa 5 bis 10 Augen. Schwache Triebe werden überhaupt nicht geschnitten. Diese Büsche bleiben übersichtlich und in Grenzen.

Hecken

Hecken sind beliebt als »lebende Zäune«. Mit oder ohne Gitter bilden sie einen idealen Sicht- und Staubschutz und dämpfen den Straßenlärm. Aber auch innerhalb des Gartens dienen Hecken der Abgrenzung zwischen Zier- und Obstgarten, zum Verstecken des Komposthaufens oder auch nur als niedrige Beeteinfassung, wie man sie früher so gerne mit dem Zwergbuchs gestaltet hat. Hecken sind aber nur schön, wenn sie richtig gepflanzt und gepflegt werden! Dabei unterscheiden wir zwischen der streng geschnittenen und der natürlichen Hecke.

Natürliche Hecken

Diese Hecken werden aus natürlich wachsenden Sträuchern oder Bäumen gebildet und unterliegen keinem strengen Schnitt. Sie sind zwar wunderschön, brauchen aber viel Platz. Verschiedene Gehölze sind dafür geeignet, z. B. Goldglöckchen, Pfeifenstrauch, Deutzie, Weigelie, Zierquitte, Kolkwitzie, Flieder oder Immergrüne wie Stechpalmen, Wacholderarten, Scheinzypressen, Serbische Fichten oder Lebensbäume (s. Abb. Seite 100). Verschiedene Säulenformen von Thujen und Scheinzypressen bilden auch ohne Schnitt schmale, hohe Hecken, ebenso die Serbische Fichte. Bei den anderen Sträuchern wird man aber fallweise korrigierend eingreifen müssen, indem man allzu lang herausragende Zweige entfernt oder das Höhenwachstum durch Zurückverjüngen begrenzt. Diese Schnittarbeiten sollten aber nicht auffallen, der natürlich gewachsene Eindruck darf dabei nicht verlorengehen! Für natürliche Hecken rechnet man je nach Gehölzart 1 bis 2 Pflanzen je Meter.

Streng formierte Hecken

Formierte Hecken unterliegen einem laufenden Schnitt und bereiten daher viel Arbeit. Andererseits aber sind sie jederzeit in Form zu halten, werden weder zu breit noch zu hoch und geben ideale, dichte Abgrenzungen. Für streng geschnittene Hecken benötigt man je nach Wüchsigkeit der verwendeten Pflanzenart 2 bis 3 Pflanzen je Meter. Hierbei sind jedoch Blütensträucher kaum zu gebrauchen, höchstens solche, die auch am alten Holz blühen, wie Zierquitten, Kornelkirschen oder Goldglöckchen.

Für streng formierte Hecken kommen vor allem Hainbuche, Rotbuche, Liguster, Feldahorn, Feuerahorn, Weißdorn, Kornelkirsche, Buchsbaum, Scheinzypresse, Lebensbaum, Eibe, Fichte und eventuell Stechpalme in Frage.

Der Schnitt von Laubgehölzhecken

Zur Pflanzung verwenden wir kleine Jungpflanzen, die wir, falls es sich um Sommergrüne handelt, sofort stark zurückschneiden. Die Hecke sollte bei mehrmaligem Schnitt alljährlich nur um 15 bis 25 cm höher werden. Wer glaubt, durch längeren Schnitt die Hecke früher hoch zu kriegen, wird dies damit büßen, daß sie unten bald locker und lückig wird, oftmals auch verkahlt. Die Hecke soll aber vom Boden an dicht

bleiben – dazu müssen sich die Sträucher oft genug verzweigen. Dies bedingt einen laufenden Rückschnitt. Manche Baumschulen bieten auch schon mehrjährige, hochgezogene und entsprechend geschnittene Heckensträucher an. Diese sind teurer, ergeben aber früher eine fertige Hecke.

Mit dem Schnitt beginnt man vor dem Austrieb und wiederholt ihn bis zum August–September etwa 2- bis 4mal. Sparrig wachsende, größer belaubte Sträucher wie Feld- und Feuerahorn, schneidet man öfter, kleinlaubige und zartzweigige Gehölze weniger oft. Die Hecke kann lotrechte Wände erhalten oder trapezförmig geneigte. Letztere Form macht mehr Arbeit, ist aber vom Aufbau her günstiger, weil sie einer Verkahlung von unten her vorbeugt. An der Basis der Hecke sollten wir, je nach Gehölzart, mit einer endgültigen Breite von 0,4 bis 1 m rechnen, die Höhe richtet sich nach unseren Wünschen.

Für den Schnitt eignen sich Heckenscheren, bei großen Anlagen haben sich die elektrischen »Mähbalken« am besten bewährt. Für bleistiftstarke und stärkere Zweige nimmt man aber die Baumschere (s. Seite 107).

Linke Seite:
Natürliche Hecke
mit verschiedenen
Gehölzen.

»Aufgemachte«
Buchenhecke, die
den langsamen

und dadurch
dichten Aufbau
zeigt.

Immergrüne Hecken

Immergrüne Laubgehölze und Nadelgehölze werden nicht so oft geschnitten wie die vorigen. Es wird genügen, vor dem Austrieb und einmal im Juni–Juli zu schneiden. Dies gilt vor allem für starktriebige Pflanzen wie Stechpalmen oder Fichten. Feintriebige Gehölze können auch 3- bis 4mal jährlich gestutzt werden. Der letzte Schnitt sollte aber noch im August erfolgen, daß die Schnittwunden vor dem Winter noch verheilen können.

Großblättrige Pflanzen wie Stechpalmen *(Ilex)* oder Lorbeerkirschen *(Prunus laurocerasus)* behandeln wir nicht mit der Heckenschere oder gar mit dem Mähbalken – die zerschnittenen und eingetrockneten Blätter böten einen häßlichen Anblick! Man setzt nur die Baumschere ein. Man wird auch diesen Pflanzen keine absolut ebenen Flächen aufzwingen, sondern durch laufendes Einkürzen aller aus der »Wand« herauswachsenden Triebe eine mehr natürliche Fläche anstreben!

Immergrüne Hecken werden an der Basis allmählich 50 bis 100 cm breit, Fichtenhecken auch breiter. Diesen Abstand muß man schon bei der Pflanzung am Zaun einkalkulieren. Die Heckenhöhe bestimmt die Pflanzenart. Aus baumförmigen Gehölzen lassen sich natürlich viel höhere Hecken erziehen. Allerdings wird bei mehr als 2 m Höhe die Schnittbehandlung schwierig. Da wäre es besser, Säulenformen zu pflanzen, die nur im Höhenzuwachs ausgleichend zu korrigieren wären. Solche Hecken schließen jedoch nie ganz ideal, weil der Wind die Kronen gegeneinander bewegt.

Niedrige Einfassungen

Für niedrige Hecken innerhalb des Gartens verwenden wir heute kaum mehr den Zwergbuchs, eher schon Zwergberberitzen oder auch blühende Zwergsträucher, die nur einmal vor dem Austrieb geschnitten werden. Für niedrige Hecken eignen sich Fingerstrauch, kleinbleibende Spireen wie *Spiraea*-Bumalda-Hybriden oder *Spiraea bullata*, grün-, rot- oder gelblaubige Zwergberberitzen, Mahonien, immergrüne Heckenkirschen wie *Lonicera pileata, L. nitida* und andere Arten.

Die in Blüte und Frucht reizenden Mahonien schneiden wir nicht generell. Wir nehmen nur die längsten Zweige nach der Blüte auf Seitensprosse oder Stammknospen zurück. Auch die außerhalb der Heckenreihe aus dem Boden sprießenden Triebe müssen ausgestochen werden.

Streng geschnittene, hohe Thuja-Hecke (Lebensbaum).

Verjüngen

Werden trotz aller Mühe ältere Hecken unten so kahl, daß sie nur mehr die Stämme »herzeigen«, können sie verjüngt werden. Dies ist nicht möglich bei Immergrünen und Koniferen! Die Verjüngung erfolgt wie auf Seite 92 beschrieben. Man sägt die Stämme möglichst tief ab, etwa 25 cm über dem Boden, und zieht aus den Austrieben, die man natürlich nicht auszulichten braucht, die neue Hecke auf. Dabei sind die Sträucher ebenso oft zu schneiden wie junge Pflanzen.

Verschiedene Korrekturarbeiten

Durchtreiben der Unterlage

Zu den Arbeiten, die nur selten, aber unbedingt durchzuführen sind, gehört das Entfernen von »wilden« Trieben aus der Veredlungsunterlage. Wird dies unterlassen, reißen die zumeist kräftigen Triebe aus der Stammbasis alle Triebkraft aus der Wurzel an sich und unterdrücken allmählich die Veredlung. So etwas ist häufig an Kronenveredlungen der Japanischen Zierkirschen auf Vogelkirsche oder beim Mandelröschen, das meist auf Zwetschen veredelt wird, zu sehen. Auch bei Duftschneeball, Korkenzieherhasel und Rosen treiben oft die Veredlungsunterlagen durch.

Die wilden Austriebe sind leicht an ihrem starken Wuchs und an den andersartigen Blättern zu erkennen. Je eher und gründlicher die Unterlagentriebe entfernt werden, um so besser wird die Veredlung gedeihen. Kommen die Wildtriebe aus dem Boden, müssen sie freigelegt und an der Ansatzstelle glatt weggeschnitten werden.

Besonders wichtig ist die Behandlung von Unterlagenaustrieben bei Umveredlungen von Bäumen oder älteren Fliedersträuchern. Man hält anfangs nur etwa 30 cm lange Stammteile unterhalb der Pfropfköpfe von Austrieben frei, tieferstehende beläßt man und kürzt sie nur ein, wenn sie zu üppig treiben. Sie sollen vorübergehend das Stammgerüst ernähren. Allerdings dürfen die Unterlagentriebe niemals höher wachsen als bis zur Veredlungsstelle. Im ersten und zweiten Jahr nach der Veredlung müssen nach und nach alle Unterlagentriebe entfernt werden.

Rückschläge durch Mutation

Viele unserer Gartengehölze verdanken ihre Wuchsform oder Blattfärbung einer Mutation in der ehemaligen Samenanlage oder in einer Knospe der Standardpflanze. Mutationen sind sprunghafte Veränderungen von Erbmerkmalen und können nur auf vegetativem Wege weitervermehrt werden, d. h. durch Veredlung, Stecklinge oder Absenker.

Nun treten bei derartigen Varianten manchmal Rückschläge auf und es entsteht plötzlich ein Trieb, der wieder die ursprünglichen Merkmale der Standardpflanze aufweist. So bringt z. B. ein gelbbuntes Gehölz einen »normalen« grünlaubigen Trieb hervor.

Da viele Farbvarianten durch den Chlorophyll-Ausfall schwächer wachsen, treiben die grünen Rückschläge stark durch. Auch wenn Zwergformen »durchtreiben«, wie dies bei der Zuckerhutfichte oft vorkommt, die plötzlich einen starkwüchsigen »zweiten Gipfel« bekommt, handelt es sich um einen solchen Rückschlag.

Alle Rückschläge sind natürlich baldigst an der Entstehungsstelle zu entfernen. Andernfalls würden diese Rückmutanten die Gartenform bald überwuchern und entwerten.

Entfernen von Wurzelausläufern

Manche Gehölze haben die Eigenschaft, Wurzelausläufer zu bilden, die die Umgebung der Pflanze bald in ein Dickicht verwandeln würden, wenn man sie wachsen ließe. So sehr diese Ausläufer oftmals erwünscht sind, um Flächen zu begrünen oder Böschungen zu befestigen (Immergrünes Johanniskraut, Ranunkelstrauch, Zierhimbeere, Bocksdorn), so störend können sie andererseits auch werden. Berüchtigt sind wegen ihrer Ausläuferbildung z. B. Flieder, Hauszwetsche, Schlehe, Essigbaum *(Rhus typhina)*, Trompetenstrauch *(Campsis)*, Robinien, Brombeeren, Aralien und andere.

Die unerwünschten Ausläufer sind oft schwer zu entfernen. Ein Wegschneiden hätte nur die Bildung zahlreicher neuer Austriebe zur Folge. Man müßte nachgraben und die ganze Wurzel entfernen, wobei nicht gesagt ist, daß der verbliebene Wurzelteil nicht wieder Ausschläge bildet! Beim Essigbaum und bei der Aralie kann man die Triebe mit der Hand herausreißen. Es kommen aber wieder neue Austriebe nach. Diese laufende Arbeit bleibt uns also nicht erspart!

Beim Flieder könnte die Ausläuferbildung durch Veredlung auf Liguster verhindert werden. Diese Kombination ist in den Baumschulen kaum erhältlich.

Wundbehandlung

Oben: Schnitt-
wunde mit
fortgeschrittener
Überwallung.

Unten: Schnitt-
wunde mit
beginnender
Überwallung.

Wer über Schnittmaßnahmen schreibt, muß auch die Wundbehandlung erwähnen, wenngleich Wunden an Gehölzen nicht nur durch Schere und Säge verursacht werden. Alle Wunden, die größer als 3 cm sind, sollte man so versorgen, daß sie bald überwallen und sich schließen. Wunden stellen immer Eintrittspforten für parasitische Pilze dar, die Stammfäule und Stammsterben einleiten können.

Die Wundpflege beginnt schon damit, daß wir alle notwendigen Verletzungen am Stammgerüst so klein als möglich halten. Äste sägen wir glatt am Stamm weg. Manche Praktiker empfehlen sogar, den oft erhöhten Astansatz oder Astring mit wegzuschneiden. Dies ist nicht zu empfehlen, weil dadurch die Schnittfläche viel größer wird. Die Überwallung geht auch dann gut und schnell vor sich, wenn dieses »Ansatzpolster« stehen bleibt (z. B. bei *Magnolia kobus*). Keinesfalls darf jedoch ein Aststummel stehen bleiben; er würde zurücktrock-

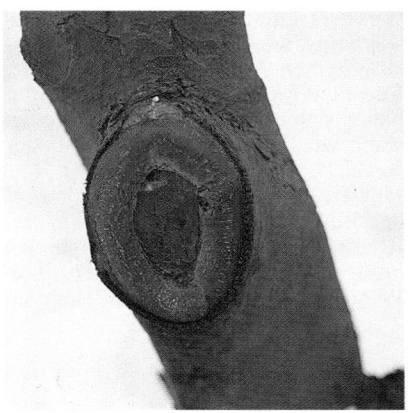

nen und den Wundverschluß verhindern.

Bei verjüngten Ästen geschieht es oft, daß die Neuaustriebe tiefer kommen und der oberste Aststumpf eintrocknet. Dieser ist dann scharf vom obersten Austrieb an, schräg nach unten wegzunehmen. Grobfaserige Sägewunden werden mit der Hippe nachgeschnitten.

Sind Wunden durch Pilzbefall entstanden, also z. B. durch Krebs (bei Kernobst) oder Valsa (bei Steinobst), sind diese mit der Hippe, notfalls auch mit dem Meißel ganz besonders sorgfältig auszuschneiden und zwar bis in den gesunden Bastteil, d. h. soweit, bis der Bast wieder weiß und frisch aussieht. An Steinobstwunden tritt fast immer Gummifluß auf. Es ist solange nachzuschneiden, bis kein Gummi mehr vorhanden ist. Manche Fachleute empfehlen, solche Wunden mit verdünntem Essig auszuwaschen.

Anschließend wird die Wunde mit Baumwachs oder einem plastischen

Wundverschlußmittel verstrichen. Es sollte elastisch sein, nicht abblättern und lange halten. Außerdem wäre eine pilztötende Wirkung erwünscht. Am besten haben sich einige neuere Präparate bewährt wie Lac-Balsam, Santar SM oder Negal.

Müssen Äste entfernt werden, obwohl der Baum schon in Saft ist, was bei Ahorn, Walnuß und Birke schon im Februar geschehen kann, würden diese Wunden wochenlang »bluten«. Dadurch würde der Baum geschwächt. Hier hat sich das Mittel »Saft-Stop« bewährt, das das Bluten verhindert und ein Auftragen des Wundverschlußmittels ermöglicht. Ansonsten würde das Verschlußmittel auf nassen Wunden nicht haften oder nachträglich abgestoßen werden, wenn die Wunde zu bluten beginnt. Besser ist es immer, solche Gehölze schon im Spätherbst während der Saftruhe zu schneiden, dann bluten die Wunden auch im Frühjahr nicht.

Schnittwerkzeuge und Hilfsmaterial

Wenn andauernd vom Schneiden geschrieben wird, müssen auch die wichtigsten Schnittwerkzeuge kurz besprochen werden. Wir benötigen zumindest ein gutes Veredlungsmesser, eine Hippe, eine gute Baumschere, eventuell eine Astschere, eine Hebelspannsäge mit verstellbarem Sägeblatt und eventuell eine Schwertsäge. Wer eine Hecke besitzt, braucht auch eine Heckenschere.
Alle Werkzeuge sollten immer in gutem und einsatzbereitem Zustand sein.

Messer

Jeder Gärtner sollte wenigstens zwei Messer haben: ein Kopuliermesser und eine Hippe. Beide sind Klappmesser, die man in die Tasche stecken kann.
Kopuliermesser verwendet man vor allem für kleine Schnitte, zum Veredeln, zum Okulieren (dazu hat es die »Nase« zum Ablösen der Rinde), zum Grünschnitt, zum Nachschneiden von kleinen Schnittflächen sowie zum Zerteilen von Bast und Schnüren.
Die Hippe ist wesentlich stärker ausgeführt und hat eine gebogene Klinge mit scharfer Spitze. Mit diesem Messer schneidet man größere Sägewunden nach und glättet Pfropfköpfe. Außerem dient sie zum »Aufasten« junger Stämmchen sowie zum Ausschneiden und Ausputzen von Stammwunden jeder Art.

Scheren

Die Baumschere ist das wichtigste Werkzeug beim Gehölzschnitt. Sie sollte leicht sein und gut in der Hand liegen.

Heute sind fast nur mehr einschneidige Scheren im Gebrauch, obwohl sie mit der Gegenbacke leichte Rindenquetschungen verursachen. Aber man schneidet mit einschneidigen Scheren leichter, weil man auch stärkere Äste durch leichtes Nachhelfen, d. h. Herunterdrücken mit der freien Hand mühelos entfernen kann. Bei zweischneidigen Scheren ist das nicht möglich.
Eine Arbeitserleichterung bringen die Rollgriffscheren, die vor allem berufsmäßigen Obstbauern oder Baumwarten zu empfehlen sind.
Die Anschaffung einer Astschere wird zumeist nicht nötig sein, sie erleichtert aber mit ihren langen Hebelarmen den Auslichtungsschnitt von Beeren- und Ziersträuchern.
Günstig für größere Bäume oder Sträucher ist eine Stangenschere, z. B. an Hängen, wo man mit einer Leiter schlecht zurechtkommt. Kleinere Äste lassen sich damit vom Boden aus entfernen, auch kann man mit ihrer Hilfe bequem Blütenzweige oder Edelreiser herunterholen.

Sägen

Unumgänglich ist für jeden Hobbygärtner die Anschaffung einer Hebelspannsäge, auch Bügelsäge genannt. Ihr Sägeblatt kann durch Lösen des Spannverschlusses in jede gewünschte Richtung gedreht werden, wodurch das Auslichten dicht- oder steilstehender Äste erheblich erleichtert wird.
Die grobzähnigen Sägeblätter aus gehärtetem Stahl sind den früher üblichen, kleinzähnigen vorzuziehen. Sie schnei-

den leichter und bleiben dauergeschränkt. Allerdings sind sie nicht nachzuschleifen und müssen beim Stumpfwerden ausgewechselt werden.

Eine Schwertsäge mit Handgriff oder/ und für die Stange kann ebenfalls von Nutzen sein. Schwertsägen schneiden auf Zug und müssen gut geschränkt sein.

Heckenscheren

Werkzeuge für den Heckenschnitt sind neben einer normalen Baumschere vor allem die herkömmlichen Heckenscheren mit langen, starken Klingen und die wesentlich besseren, aber natürlich teureren Hecken-Mähbalken, die es mit Elektro- oder Benzinmotor gibt. Vor allem für lange oder hohe Hecken mit strengem Schnitt, wie auch für den Figurenschnitt sind diese Geräte unentbehrlich.

Bindematerial

Weitere Bedarfsartikel für die Gehölzformierung sind vor allem Bindebast oder starker, weicher Spagat, den man zum Binden und Formieren vor allem im Obstbau braucht. Sehr gut bewährt hat sich der weiße oder bunte Bast aus Kunstfaser, der allerdings nicht verrottet und daher rechtzeitig wieder gelöst werden muß, wenn er nicht einwachsen soll. Auch weicher Draht wie Aluminiumdraht, den man in geschnittenen Bündeln bekommt oder isolierter Kupferdraht eignen sich gut zum Binden und Heften. Die Arbeit geht damit schneller als mit dem Knüpfen des Spagates.

Jeder Hobbygärtner sollte auch einige Baumbänder vorrätig haben. Es gibt sehr praktische Kunststoffbänder, die man nachstellen oder lockern kann. Diese können auch nicht einwachsen, weil sie sich zuerst dehnen und schließlich reißen.

Wer gerne selbst Verpflanzungen vornimmt, sollte sich einige Ballentücher vorbereiten. Man kann dafür alte Jutesäcke zerschneiden oder Ballentuch auf Rollen kaufen. Die modernen Ballentücher bestehen aus Kunstfaser und verrotten nicht. Bei ihnen ist nicht zu vergessen, daß nach der Pflanzung die Knoten gelöst oder durchschnitten werden müssen, weil sie sonst einwachsen und die Pflanze abwürgen würden!

Schnitt der wichtigsten Ziergehölze

Die folgende Übersicht, geordnet nach den deutschen Pflanzennamen, soll über Schnittmaßnahmen Auskunft geben, wo solche erforderlich sind. Allgemein darf vorausgesetzt werden, daß – auch wenn zu lesen ist »Kein Schnitt nötig« – immer abgestorbene, kranke oder frostgeschädigte Zweige und Stämme zu entfernen sind und ein fallweiser Auslichtungsschnitt vorgenommen wird, um die Kronen einigermaßen licht zu halten. Wenn letzteres nicht geschieht, ist das zwar kein Unglück, man bedenke aber, daß zu dichte Sträucher nur wenige und schwache Erneuerungstriebe aus der Basis erzeugen und die Pflanzen eher vergreisen und unansehnlich werden!

Folgende Abkürzungen und Begriffe werden verwendet:

II–XII:	Römische Zahlen geben die Monate der Blütezeit an.
F:	Das Gehölz ziert vor allem oder auch durch seine Früchte.
Fj:	Frühjahr, vor dem Austrieb.
H:	Das Gehölz verträgt strengen Heckenschnitt.
R:	Rückschnitt der vorjährigen Triebe.
V:	Verjüngung im Winter.
Frostschutz W:	Schutz des Wurzelbereiches mit Stroh oder Laub.
Frostschutz K:	Schutz der Krone mit Nadelholzreisig.
Zweihäusig:	Die Pflanze ist getrennt-geschlechtlich. Um Früchte zu erhalten, müssen männliche und weibliche Pflanzen vorhanden sein, wobei 1 männliche für mehrere weibliche genügt.

Name	Blütezeit	Schnittbehandlung
Ahorn *Acer*	III–IV	Baumförmige Arten: Pflanzschnitt, Kurzer Aufbauschnitt, Kronen-korrektur Strauchige Arten: Kein Schnitt. H: Feld- und Feuerahorn
Alpenrose, Azalee *Rhododendron*	V–VI	Kein Schnitt, nur Ausbrechen der abgeblühten Blütenstände. V möglich.
Aralie *Aralia*	VIII	Kein Schnitt. Wenn zu groß, V auf starke Stammknospen.
Aucuba	IV–V	F. Zweihäusig. Kein Schnitt nötig. Frostschutz W + K.
Bartblume *Caryopteris*	VII–IX	R im Fj. Gibt ohne Schnitt bald dichtes Gewirr teils toter Zweige.
Bastardindigo *Amorpha*	VI–VII	Pflanzschnitt, starker R im Fj.
Berberitze, Sauerdorn *Berberis*	V–VI	F. Kein Schnitt nötig. H: Sommergrüne Arten.
Besenginster *Cytisus scoparius*	V–VI	R nach der Blüte auf fingerlange Teile, aber nicht notwendig. Keine V.
Birke *Betula*	III–IV	Kein Schnitt. Keine V.
Blasenspiere *Physocarpus*	VI–VII	F. Pflanzschnitt, dann nur aus-lichten. V möglich.
Blasenstrauch *Colutea*	VI–VIII	F. R im Fj günstig, Pflanzen wachsen dann buschiger. V möglich.
Blauschotenstrauch *Decaisnea*	VI	F. Kein Schnitt. V möglich.
Blauregen, Glycine *Wisteria*	IV–V	S. Seite 86.
Blutjohannisbeere *Ribes sanguineum*	IV	Wie Schwarze Johannisbeeren behandeln (s. Seite 71).

Name	Blütezeit	Schnittbehandlung
Blutpflaume *Prunus cerasifera*	IV	Pflanzschnitt, später Kronen-korrektur, auslichten.
Buchsbaum *Buxus*	–	Kein Schnitt nötig, wird aber gut vertragen. H.
Buschklee *Lespedeza*	VIII–IX	R im Fj auf kurze Zapfen.
Deutzie *Deutzia*	V–VI	Kleine Arten: Fallweise auslichten. Hohe Arten: V auf junge Stamm-austriebe
Eberesche *Sorbus*	V	F. Kein Schnitt nötig, nur Korrektur junger Kronen, später auslichten.
Efeu *Hedera*	IX–X	Kein Schnitt nötig, aber möglich.
Ehrenpreis *Hebe (Veronica)*	V–VI	Kein Schnitt, Frostschutz W + K.
Eibisch *Hibiscus syriacus*	VII–IX	R im Fj auf wenige Augen, auslichten.
Eisenholz *Parrotia*	III–IV	Kein Schnitt nötig, V möglich.
Elfenbeinginster *Cytisus praecox*	IV–V	Wie Besenginster, Schnitt aber nicht notwendig.
Erbsenstrauch *Caragana*	V–VI	Kein Schnitt nötig, V möglich. Hohe Arten auch für H.
Essigbaum, Sumach *Rhus typhina*	VI–VII	F. Kein Schnitt nötig. Ausläufer aus-reißen, wenn lästig.
Federbuschstrauch *Fothergilla*	IV–V	Kein Schnitt nötig.
Felsenbirne *Amelanchier*	IV–V	F. Zu lange Triebe nach der Blüte ableiten, auslichten, V möglich.
Feuerdorn *Pyracantha*	V–VI	F. Pflanzschnitt, wenn Triebe zu lang. Schnitt meist nicht nötig, aber möglich, sogar H. V möglich.

Name	Blütezeit	Schnittbehandlung
Fiederspiere *Sorbaria*	VI–VIII	Kein R: Fallweise V auf junge Stamm-austriebe. Bodentriebe auslichten.
Fingerstrauch *Potentilla fruticosa*	V–VIII	R im Fj möglich. Sonst kein Schnitt nötig, außer für H.
Flieder *Syringa*	V–VI	S. Seite 85.
Flügelstorax *Pterostyrax*	VI	Kein Schnitt nötig. V möglich.
Gamander *Teucrium*	VII–IX	R im Fj, bei Heckenpflanzung Triebe nur einkürzen. Verblühte Trauben entfernen.
Geißblatt, Heckenkirsche *Lonicera*	III–VIII	Sträucher: Auslichten, keine V. Schlinger: Auslichten, V möglich. Immergrüne: R nach Frostschaden, auch H.
Geißklee *Cytisus* *Cytisus nigricans*	IV–VI	Kein Schnitt nötig, aber R sofort nach der Blüte möglich. Keine V. R im Fj auf fingerlange Zapfen.
Gewürzstrauch *Calycanthus*	V–VII	Kein Schnitt nötig. V möglich.
Ginster (echter) *Genista*	V–VIII	Kein Schnitt. Nur bei Färberginster (*G. tinctoria*), R im Fj auf kurze Zapfen.
Goldglöckchen *Forsythia*	IV–V	Eventuell R sofort nach der Blüte. V möglich. S. Seite 84.
Goldregen *Laburnum*	V–VI	Kein Schnitt, höchstens Pflanz-schnitt. Keine V. Giftpflanze.
Hainbuche *Carpinus*	–	Im Garten nur für H.
Hartriegel *Cornus*	IV–VII	Großblütige Arten: Kein Schnitt. Buntrindige Arten: V der alten Stämme zugunsten junger Ruten.
Cornus mas	III–IV	Kornelkirsche. Auch für H. F.

Name	Blütezeit	Schnittbehandlung
Haselstrauch *Corylus*	II–III	V der alten Stämme, eventuell Auslichten der Bodentriebe.
Heckenkirsche *Lonicera*		Siehe Geißblatt.
Heidekraut 1. Besenheide *Calluna*	VII–IX	R im Fj nur, wenn zu hoch.
2. Schneeheide *Erica*	III–IV	Kein Schnitt nötig, eventuell R nach d. Blüte.
Hortensie *Hydrangea* *H. arborescens* *H. paniculata*	VII–VIII	Verblühte Dolden entfernen. V der alten Stämmchen auf junge Zweige. Schneeballhortensie. V der alten Stämmchen bis zum Boden günstig. Rispenhortensie. R im Fj auf 2 bis 3 Augen, schwache Triebe entfernen.
Indigostrauch *Indigofera*	VI–VIII	R im Fj bis nahe zum Boden. Frostschutz: W.
Jasmin, Echter *Jasminum nudiflorum*	XI–IV	Kein Schnitt nötig, aber möglich (z. B. für die Vase).
Johanniskraut *Hypericum*	VII–IX	Bei sommergrünen Arten R im Fj günstig für buschigeren Wuchs.
Judasbaum *Cercis*	IV-V	Kein Schnitt, nur Ableiten zu starker Ruten im Sommer. V möglich. Wundpflege.
Kamminze *Elsholtzia*	VIII–X	R im Fj auf kurze Zapfen in Bodennähe. Frostschutz: W.
Katsurabaum *Cercidiphyllum*	–	Kein Schnitt nötig, wird mit der Zeit ein großer Baum oder Strauch.
Keuschbaum *Vitex*	VII–IX	R im Fj auf kurze Zapfen mit 2 bis 3 Augen. Frostschutz W günstig.
Knöterich (Schling–K.) *Fallopia (Polygonum)*	VII–IX	R im Fj oft nötig bei zu üppigem Wuchs. V möglich.

Name	Blütezeit	Schnittbehandlung
Kolkwitzie *Kolkwitzia*	V–VI	Kein Schnitt. Später auslichten, fallweise V auf jüngere Stammaustriebe.
Kranzspiere *Stephanandra*	VI–VII	Kein Schnitt, nur auslichten.
Lavendel *Lavandula*	VII–VIII	Kein Schnitt nötig, außer jenem der Blütenstiele.
Lavendelheide *Pieris*	III–V	Kein Schnitt nötig. V nur, wenn nicht zu vermeiden.
Liguster, Rainweide *Ligustrum*	VI–VII	F (Früchte giftig). Kein Schnitt, nur bei *L. vulgare* u. *ovalifolium* auch H.
Lorbeerkirsche *Prunus laurocerasus*	IV–V u. im Sommer	Kein Schnitt nötig, aber möglich, sogar für H.
Lorbeerrose *Kalmia*	V–VII	Kein Schnitt nötig.
Losbaum *Clerodendron*	VIII–IX	Kein Schnitt nötig, nur nach Frostschaden.
Mäusedorn *Ruscus*	–	F. Zweihäusig. Kein Schnitt. Frostschutz: W + K
Magnolie *Magnolia*	IV–V	Kein Schnitt, nur auslichten. V möglich, wenn unbedingt notwendig.
Mahonie *Mahonia*	III–IV	F. Kein Schnitt nötig, aber bei *M. aquifolium* Reisigschnitt möglich. V. möglich.
Mandelröschen *Prunus triloba*	IV	R sofort nach der Blüte auf basale Neutriebe bzw. 3 bis 4 Augen. Auslichten.
Mispel *Mespilus*	V	F. Schnitt kaum nötig, sonst wie beim Zierapfel.
Ölweide *Elaeagnus*	V–VI	F. Kein Schnitt nötig, aber möglich. Auslichten. V nicht ratsam.
Perückenstrauch *Cotinus*	VI	F in Form fedriger Rispen. Kein Schnitt nötig, aber möglich, auch V.

Name	Blütezeit	Schnittbehandlung
Pfeifenstrauch (Falscher Jasmin) *Philadelphus*	V–VII	Fallweise V der alten Stämme auf junge Seitentriebe oder bis zum Boden. Auslichten.
Pfingstrose *Paeonia suffruticosa*	V–VI	Kein Schnitt.
Prachtspiere *Exochorda*	IV–V	Pflanzenschnitt u. R in den ersten Jahren, dann nur mehr auslichten. Keine V.
Ranunkelstrauch *Kerria*	V–VI	Nur alte Stämmchen auslichten. Wuchert mit Bodentrieben.
Rose *Rosa*	V–IX	S. Seite 95. Zum Teil F.
Rosenakazie *Robinia hispida*	VI u. VIII	S. Seite 86.
Säckelblume *Ceanothus*	VI–VII	R im Fj auf kurze Zapfen. Bei *C. fendleri* kein Schnitt.
Sanddorn *Hippophaë*	–	F. Zweihäusig. Kein Schnitt nötig.
Scheinhasel *Corylopsis*	III–IV	Kein Schnitt
Scheinkerrie *Rhodotypos*	V–VI	F. Schnitt kaum nötig, aber möglich. Auslichten.
Scheinspiere *Holodiscus*	VI–VII	Kein Schnitt, nur fallweise V der alten Stämme zugunsten junger Triebe.
Schneeball *Viburnum*	V–VI (XII–IV)	F. Kein Schnitt, nur auslichten. V auf junge Stammaustriebe bei *V. opulus* günstig.
Schneebeere *Symphoricarpus*	VI–IX	F. Kein Schnitt, eventuell auslichten.
Schneeflockenstrauch *Chionanthus*	VI	Kein Schnitt nötig, V möglich.

Name	Blütezeit	Schnittbehandlung
Schneeglöckchen-strauch *Halesia*	V	Kein Schnitt nötig, höchstens auslichten. Keine V.
Schönfrucht *Callicarpa*	V–VI	F! Kein Schnitt nötig. V möglich.
Seidelbast *Daphne*	III–IV	Kein Schnitt. Giftpflanze. F bei *D. mezereum.*
Silberstrauch *Perovskia*	VIII–IX	R im Fj auf fingerlange Zapfen über dem Boden.
Skimmie *Skimmia*	IV	F. Zweihäusig. Kein Schnitt. Frostschutz: W, rauhe Lagen auch K.
Sommerflieder, Schmetterlingsstrauch 1. *Buddleja alternifolia*	VI	Kein Schnitt nötig, Blüten an vorjährigen Ruten. V auf starke Seitentriebe möglich. Wegschnitt der abgeblühten Ruten gleich nach d. Blüte bis auf Neutriebe günstig.
2. *Buddleja davidii*	VII–X	R auf 2 bis 3 Knospenpaare im Fj.
Sonnenröschen *Helianthemum*	V–X	Kein Schnitt nötig, aber möglich.
Spaltkölbchen *Schisandra*	V	F. Zweihäusig. Nur auslichten oder R, wenn Triebe zu lang.
Spierstrauch *Spiraea* 1. Frühjahrsblüher	IV–VI	Kein Schnitt. Nur fallweise V durch Ableiten der Stämme auf jüngere Zweige.
2. Sommerblüher	VII–IX	R im Fj auf spannlange Zapfen, auslichten. H: R nur im Fj und evtl. nach der Blüte.
Spindelbaum *Euonymus*	–	F. Kein Schnitt nötig, auslichten. V möglich, wenn nötig.

Name	Blütezeit	Schnittbehandlung
Stechpalme *Ilex*	V	F. Kein Schnitt, nur auslichten. H möglich, bes. bei *Ilex crenata*.
Steinmispel *Cotoneaster*	V–VI	F. Kein Schnitt nötig, aber möglich. Hohe Formen: V durch Ableiten möglich.
Stranvaesia	VI	F. Kein Schnitt, nur nach Frostschaden.
Strauchkastanie *Aesculus parviflora*	VII–VIII	Kein Schnitt nötig, aber möglich. V möglich, wenn unumgänglich.
Tamariske *Tamarix*	IV–V oder Sommer	Kein Schnitt nötig. Eventuell R der abgeblühten Zweige bei Frühjahrsblühern, R der Sommerblüher im Fj. V möglich.
Taubenbaum *Davidia*	V–VI	Kein Schnitt, nur auslichten. V möglich, aber dann Kronenkorrektur.
Traubenheide *Leucothoe*	IV–V	Kein Schnitt nötig.
Traubenholunder *Sambucus racemosa*	IV	F. Fallweise V auf jüngere Stammaustriebe, kein R.
Trompetenstrauch *Campsis*	VII–IX	R im Fj auf 2 bis 3 Augenquirle. Für Spaliere einzelne, starke Ruten länger lassen und anheften.
Waldrebe *Clematis* 1. Frühjahrsblüher	V–VI	Kein Schnitt. Nur tote Zweige entfernen.
2. Sommerblüher, kletternd	VI–VIII	R im Fj, auch V möglich.
3. Sommerblüher, strauchig	VII–IX	R im Fj bis nahe zum Boden.
Weide *Salix*	III–IV	Kätzchenweiden: R auf wenige Augen gleich nach der Blüte, auch bei Hängeformen. Zwergweiden: Kein Schnitt.

Name	Blütezeit	Schnittbehandlung
Weigelie *Weigela*	V–VI	Laufend auslichten und fallweise V auf jüngere Stammaustriebe. Radikale V möglich.
Weißdorn, Rotdorn *Crataegus*	VI	F. Nur auslichten und eventuell später ableiten.
Wilder Wein *Parthenocissus*	–	Schnitt jederzeit möglich, wenn zu groß oder üppig werdend. V möglich.
Zaubernuß *Hamamelis*	II–III oder IX–X	Kein Schnitt nötig. V unterlassen.
Zierapfel *Malus*	IV–V	F. Pflanzschnitt und 1- bis 2jähriger Aufbauschnitt, auslichten. V wie bei Apfel.
Zierhimbeere *Rubus odoratus* u.a. *Rubus henryi*	V–VI	Behandlung wie Himbeeren. Nur Auslichten toter Zweige.
Zierkirschen *Prunus serrulata*, *P. subhirtella* u.a.	IV–V	Pflanzschnitt, wenn Triebe zu lang, sonst nur auslichten im Sommer.
Zierpfirsich *Prunus persica*	IV	R gleich nach der Blüte auf tieferstehende Neutriebe oder Basisaugen. V möglich.
Zierquitte *Choenomeles*	IV–V	F. Kein Schnitt nötig, eventuell Bodentriebe auslichten. H, besonders bei hohen Sorten.
Zierweichsel *Prunus tomentosa*	IV–V	R der abgeblühten Ruten auf junge Neutriebe oder Basisaugen. Wenn man Früchte will, R nach der Ernte auf Jungtriebe.
Zistrose *Cistus laurifolius*	VI–VIII	Kein Schnitt nötig, keine V. Eventuell abgeblühte Rispen entfernen.
Zwergmandel *Prunus tenella*	IV	Kein Schnitt nötig. Bei Veredlungen alte Zweige auslichten.

Literaturverzeichnis

Duhan, K.: Die formlose, schräge Hecke. Besseres Obst, (4–7), 1976.

Eder, R.: Himbeeren-Intensivkultur. Besseres Obst, (9), 1976.

Eipeldauer, A.: Obstbaumschnitt in Wort und Bild. Verlag für Jugend und Volk, Wien 1952.

Encke, F., Buchheim, G. und Seybold, S.: Zander – Handwörterbuch der Pflanzennamen. Verlag Eugen Ulmer, Stuttgart 1993, 14. Aufl.

Houter, J.: Das nordholländ. Pflanz- und Schnittsystem. Besseres Obst, (6), 1980.

Kobel, F.: Lehrbuch des Obstbaues auf physiologischer Grundlage. Springer-Verlag, Berlin 1954, 2. Aufl.

Koch, H.: Gehölzschnitt. Verlag Eugen Ulmer, Stuttgart 1987, 7. Aufl.

König, F.: Obstbau heute. Leopold Stocker-Verlag. Graz-Stuttgart 1976, 3. Aufl.

Lierzer, J.: Der Einfluß der verschiedenen Bindezeiten auf Fruchtbarkeit und Wuchs bei der Spindelerziehung. Besseres Obst (5), 1982.

Metzner, R.: Das Schneiden der Obstbäume und Beerensträucher. Verlag Eugen Ulmer, Stuttgart 1991, 14. Aufl.

Pardatscher, G.: Schöne Blütengehölze. Verlag Eugen Ulmer, Stuttgart 1990.

Pardatscher, G.: Die schönsten Ziergehölze. Verlag Eugen Ulmer, Stuttgart 1992, 2. Aufl.

Schmid, H.: Obstbaumschnitt. Verlag Eugen Ulmer, Stuttgart 1995, 7. Aufl.

Strauß, E.: Anbauversuche mit Holunder. Besseres Obst, (3), 1972.

Wirth, A., Meli, H. und Zbinden, L.: Der neuzeitliche Kirschenanbau. Selbstverlag Dr. A. Wirth, Richterswil (Schweiz) 1974, 2. Aufl.

Woessner, D.: Gartenrosen. Verlag Eugen Ulmer, Stuttgart 1988, 2. Aufl.

Bildquellen

Verzeichnis der Gehölznamen

Abies, Tanne
Acer, Ahorn, Feldahorn, Feuerahorn
Aesculus, Roßkastanie, Strauchkastanie
Amelanchier, Felsenbirne
Amorpha, Bastardindigo
Aralia, Aralie
Aucuba, Aucube

Berberis, Berberitze, Sauerdorn
Betula, Birke
Buddleja, Sommerflieder
– *alternifolia*
– *davidii*
Buxus, Buchsbaum

Callicarpa, Schönfrucht
Calluna, Besenheide
Calycanthus, Gewürzstrauch
Campsis, Trompetenstrauch
Caragana, Erbsenstrauch
Carpinus, Hainbuche, Weißbuche
Caryopteris, Bartblume
Catalpa, Trompetenbaum
Ceanothus, Säckelblume
– *fendleri*
Cedrus, Zeder
Cercidiphyllum, Katsurabaum
Cercis, Judasbaum
Chamaecyparis, Scheinzypresse
Choenomeles, Zierquitte
Chionanthus, Schneeflockenstrauch
Cistus, Zistrose
Clematis, Waldrebe
Clerodendron, Losbaum
Colutea, Blasenstrauch
Cornus, Hartriegel
– *mas*, Kornelkirsche
Corylopsis, Scheinhasel
Corylus, Haselstrauch
Cotinus, Perückenstrauch
Cotoneaster, Steinmispel
Crataegus, Weißdorn, Rotdorn

Cytisus, Besenginster, Geißklee
Daphne, Seidelbast, Steinröserl
– *mezereum*
Davidia, Taubenbaum
Decaisnea, Blauschotenstrauch
Deutzia, Deutzie

Elaeagnus, Ölweide
Elsholtzia, Kamminze
Erica, Schneeheide
Euonymus, Spindelbaum, Pfaffen-
hütchen
Exochorda, Prachtspiere

Fagus, Rotbuche
Fallopia (Polygonum), Knöterich
Forsythia, Goldglöckchen
Fraxinus, Esche

Genista, Ginster
– *tinctoria*, Färberginster
Ginkgo, Fächerblattbaum

Halesia, Schneeglöckchenstrauch
Hamamelis, Zaubernuß
Hebe, Ehrenpreis, Strauchveronika
Hedera, Efeu
Helianthemum, Sonnenröschen
Hibiscus, Eibisch
Hippophaë, Sanddorn
Hydrangea, Hortensie
– *arborescens*, Schneeballhortensie
– *paniculata*, Rispenhortensie
Hypericum, Johanniskraut

Ilex, Stechpalme
– *crenata*
Indigofera, Indigostrauch

Jasminum, Jasmin
– *nudiflorum*, Winterjasmin
Juglans, Walnuß

Juniperus, Wacholder
– *chinensis* 'Pfitzeriana'
– *chinensis* 'Hetzii'
– *procumbens*

Kalmia, Lorbeerrose
Kerria, Ranunkelstrauch
Koelreuteria, Blasenesche
Kolkwitzia, Kolkwitzie

Laburnum, Goldregen
Larix, Lärche
Lavandula, Lavendel
Lespedeza, Buschklee
Leucothoë, Traubenheide
Ligustrum, Liguster, Rainweide
– *ovalifolium*
– *vulgare*
Lonicera, Geißblatt, Heckenkirsche
– *nitida*
– *pileata*

Magnolia, Magnolie
Mahonia, Mahonie
– *aquifolium*
Malus, Apfelbaum, Zierapfel
Mespilus, Mispel

Paeonia, Päonie, Pfingstrose
Parrotia, Eisenholz
Parthenocissus, Wilder Wein,
   Jungfernrebe
Perovskia, Silberstrauch
Philadelphus, Pfeifenstrauch, Falscher
   Jasmin
Physocarpus, Blasenspiere
Picea, Fichte
– *omorica*, Serbische Fichte
Pieris, Lavendelheide
Pinus, Kiefer, Föhre
– *mugo*, Legföhre, Kriechkiefer
Populus, Pappel

Potentilla, Fingerstrauch
Prunus
– *avium*, Vogelkirsche
– *cerasifera*, Blutpflaume
– *laurocerasus*, Lorbeerkirsche
– *mahaleb*, Steinweichsel,
– *persica*, Pfirsich, Zierpfirsich
– *serrulata*, Zierkirsche
– *subhirtella*, Frühlingskirsche
– *tenella*, Zwergmandel
– *tomentosa*, Zwergweichsel
– *triloba*, Röschenmandel
Pterostyrax, Flügelstorax
Pyracantha, Feuerdorn
Pyrus, Birne
– *betulifolia*

Quercus, Eiche

Rhamnus, Kreuzdorn
Rhododendron, Alpenrose, Azalee
Rhodotypos, Scheinkerrie
Rhus, Essigbaum, Sumach
Ribes, Johannisbeere
– *sanguineum*, Blutjohannisbeere
Robinia, Robinie, Falsche Akazie
– *hispida*, Rosenakazie
Rosa, Rose
– *canina*, Hundsrose
Rubus, Himbeere, Brombeere
– *henryi*
– *idaeus*, Himbeere
– *odoratus*, Zierhimbeere
Ruscus, Mäusedorn

Salix, Weide, Kätzchenweiden,
   Zwergweiden
Sambucus, Holunder
– *racemosa*, Traubenholunder
Schisandra, Spaltkölbchen
Skimmia, Skimmie
Sorbaria, Fiederspiere

Sorbus, Eberesche
Spiraea, Spierstrauch
– *bullata*
– *bumalda*
Stephanandra, Kranzspiere
Stranvaesia, Stranvaesie
Symphoricarpos, Schneebeere
Syringa, Flieder

Tamarix, Tamariske
Taxus, Eibe

Teucrium, Gamander
Thuja, Lebensbaum

Ulmus, Ulme

Viburnum, Schneeball
– *opulus,* Gemeiner Schneeball
Vitex, Keuschbaum

Weigela, Weigelie
Wisteria, Glycine, Blauregen

Sachregister

Seitenzahlen mit Sternchen* verweisen
auf Abbildungen.

Wenn Sie mehr wissen wollen.

Der Autor richtet sich ganz gezielt an noch unerfahrene Laien, die hier in kurzer, prägnanter Form erfahren, worauf es bei den notwendigen Schnittmaßnahmen im privaten Obstanbau ankommt: angefangen vom Pflanzschnitt, über den Erziehungsschnitt bis hin zum Schnitt zur Erhaltung der Fruchtbarkeit oder dem Verjüngungsschnitt.
Grundkurs Obstbaumschnitt. *U. Jakubik. 2001. 96 S., 80 Farbf., 21 Zeichn. ISBN 3-8001-3163-3.*

Der Frühjahrs- und Sommerschnitt ist für jede Rosenpflanze die wichtigste Pflegearbeit. Durch sie können wir - neben der Düngung - das Triebwachstum und die Formgebung entscheidend beeinflussen. Bei dieser Arbeit muß eine Reihe wichtiger Eigenschaften der Strauch-, Kletter- und Buschrosen berücksichtigt werden.
Das Schneiden der Rosen. *D. Woessner. 1992. 126 S., 58 Farbf. und 27 Zeichn. ISBN 3-8001-6815-4.*

Schritt für Schritt werden die neuen und alten Methoden erläutert, Gehölze, Stauden, Ein- und Zweijährige, Zwiebel- und Knollenpflanzen, Sukkulenten und Kakteen sowie Gemüse zu vermehren. Hält man sich an die präzisen Darstellungen und Erläuterungen dieses praktischen Ratgebers mit seinen 1800 farbigen Abbildungen, ist der Erfolg im Garten oder auf der Fensterbank gesichert.
Handbuch der Pflanzenvermehrung. *Royal Horticultural Society, A. Toogood (Hrsg.). 2000. 319 S., 1800 Abb., 30 Zeichn. ISBN 3-8001-6682-8.*

Dargestellt werden die Krankheitsbilder aller wichtigen Pflanzengruppen: Zimmerpflanzen, Beetpflanzen, Sommerblumen, Stauden, Ziergehölze, Obst und Gemüse. Die Schadbilder und Beschreibungen geben einen präzisen Überblick über die Schadursachen.
Farbatlas Krankheiten und Schädlinge an Zierpflanzen, Obst und Gemüse. *B. Böhmer, W. Wohanka. 1999. 240 S., 574 Farbf. ISBN 3-8001-5290-8.*

Wenn Sie mehr wissen wollen.

Dieses umfassende Gartenbuch beantwortet alle Fragen: Wie plane ich meinen Garten richtig? Wie wird der Boden vorbereitet? Wie funktioniert das mit dem Düngen, dem Mulchen, dem Kompost? Wie wird gepflanzt, gepflegt, geschnitten? Wie schütze ich Pflanzen vor Krankheiten? Wie lege ich einen Rasen an, eine Blumenwiese, ein Blumenbeet? Wie lassen sich Pflanzen überwintern? ... und 1000 Antworten mehr. Dazu: Die schönsten Pflanzen aller Art im Überblick.
Das Ulmer Gartenbuch. *W. Kawollek. 2001. Etwa 720 S., über 1000 Farbabb. ISBN 3-8001-6684-4.*

Dieses Taschenbuch stellt die schönsten Laub- und Nadelgehölze vor und gibt damit dem Laien ebenso wie dem versierteren Gehölzfreund eine Orientierungshilfe bei der Art- und Sortenwahl.
Die schönsten Ziergehölze. *G. Pardatscher. 3. Aufl. 1997. 128 S., 67 Farbf., 19 Zeichn. ISBN 3-8001-6880-4.*

Umfangreiche und zuverlässige Informationen bietet das Buch zu Heimat, Pflanzeneigenschaften und dem Verwendungszweck von 1520 Ziergehölzen und 1160 Stauden, Sommerblumen, Zwiebel- und Knollenpflanzen. Ein Farbfoto zu jeder Pflanze ergänzt den Text.
Das große Ulmer-Buch der Gartenpflanzen. *F. Köhlein u.a. 2000. 639 S., 2680 Abb. ISBN 3-8001-3178-1.*

Die wenigsten Menschen haben die Zeit, um täglich mehrere Stunden im Garten zu arbeiten, um ihn für die Stunden des Ausspannens in Form zu bringen. Wer dennoch ein stimmungsvolles Ambiente mit vielen Blumen, Kräutern, Obst und Gemüse anstrebt, muss seine Gartentätigkeit besonders genau dosieren. Vielmehr kommt es auf eine gute Planung an und auch das Wissen, wann man lenkend eingreifen sollte.
Ein Garten für Faulpelze. *P. Beucher. 2000. 320 Seiten, 240 Farbfotos. ISBN 3-8001-3158-7.*